사진과 QR코드 동영상으로 쉽게 배우는

핸드볼 교과서

학교체육으로 핸드볼 하기

사진과 QR코드 동영상으로 쉽게 배우는

핸드볼 교과서

학교체육으로 핸드볼하기

발행일 2017년 03월 01일 발행인 오덕성 지은이 이승민 · 김민영 · 안종성
펴낸곳 충남대학교출판문화원 주소 대전광역시 유성구 대학로 99
전화 042-821-6045 홈페이지 http://www.cnupress.co.kr E-mail cnupress@cnu.ac.kr

ISBN 978-89-7599-613-9 03690
정가 12,000원

사진과 QR코드 동영상으로 쉽게 배우는

핸드볼 교과서

학교체육으로 핸드볼 하기

이승민 · 김민영 · 안종성

충남대학교출판문화원

머리말

우선 간단한 설명으로 이 책을 시작하려고 합니다. 이 책의 제목을 〈핸드볼 교과서: 학교체육으로 핸드볼 하기〉라고 붙인 데에는 나름의 이유가 있습니다. 학교체육에서 핸드볼은 많은 학생들이 배우는 운동 종목입니다. 최근에는 학교스포츠클럽의 활성화로 많은 초등학교, 중학교, 고등학교 학생들이 핸드볼을 배우고, 리그에도 참여하고 있습니다. 핸드볼은 매우 역동적인 운동으로 상황에 대한 빠르고 정확한 의사결정을 요구하고, 신체적 근력, 순발력, 눈-손 협응력, 사지 협응력 발달뿐만 아니라 팀 경기를 통한 팀워크, 협동심을 자연스럽게 함양할 수 있으므로 성장기 아동 및 청소년에게 매우 좋은 운동종목입니다. 저자가 대학에서 예비체육교사들에게 핸드볼을 가르치면서 핸드볼 이론서를 찾아보게 되었고, 참고할 수 있는 핸드볼 이론서가 많이 부족하다고 느꼈습니다. 학교체육에서 학생들에게 핸드볼의 매력을 느끼게 해주기 위해서는 체육교육을 전공하는 예비체육교사, 체육교사, 스포츠강사들이 먼저 핸드볼의 재미를 느끼고, 전문적으로 배워야 할 것입니다. 이 책은 전문스포츠 선수의 기술발전을 위한 책이라기보다 학교현장에서 학생들을 지도하는 체육선생님, 스포츠강사, 그리고 예비체육교사들이 핸드볼을 가르칠 때 도움이 될 수 있을 것입니다.

쉽게 읽고 배울 수 있는 핸드볼 입문서

핸드볼 교과서는 핸드볼 기술 동작을 이해하고, 다양한 동작을 학습할 수 있는 방법을 설명하고, 실제 동작을 구사할 수 있으며, 실제 시합에서 연습 때 학습한 동작을 정확하게 할 수 있도록 도와주는 데 그 의미가 있습니다. 이 책에서 저자들은 '어떻게 할 것인가'를 가르쳐주기보다'무엇을, 왜, 어떻게'가르쳐 주고자 하는지를 알려주는 지침서입니다. 또한 QR코드를 활용하여 정확한 동작은 동영상을 활용하게 보다 쉽게 이해하고 배울 수 있도록 구성하였습니다.

이 책의 구성을 간단히 설명하면 다음과 같습니다.

핸드볼 시작하기에서 출발하여 2장에서는 부상예방을 위한 운동을 소개하고 있으며, 3장에서는 포지션별 명칭과 역할에 대해 설명하고 있습니다. 4장은 핸드볼의 가장 기본이라 할 수 있는 패스와 캐치동작을 다루고 있으며, 5장에서는 드리블과 다양한 페인팅 동작, 6장에서는 적중률을 높이기 위한 다양한 슈팅 동작을 설명하고 있습니다. 7장은 상대공격을 차단하기 위한 수비 동작과 전술, 8장은 앞에서 배운 동작과 기술을 응용하여 실전에 적용한 전술동작을 설명하고 있으며, 마지막 9장은 간이게임을 다루고 있습니다. 이 책은 핸드볼을 모든 내용을 담고자 하지는 않았습니다. 그러나 학교체육에서 학생들이 꼭 알아야하는 내용, 게임을 위해 익혀야하는 기술은 빠짐없이 담고 있습니다.

학교체육 지도자에게 도움을 주겠다는 목적으로 교재작성을 시작했는데 집필 과정에서 오히려 저자들이 많은 것을 정리하고 배울 수 있었음을 다행스럽게 생각하며, 부족한 부분은 더욱 연구하고 연마하여 더 좋은 내용으로 독자들에게 다가서도록 노력할 것을 다짐합니다. 끝으로 핸드볼 서적의 출판을 위해 함께 수고해 주신 김민영 박사와 안종성 박사에게 감사의 뜻을 전합니다.

2017년 봄

이승민

제목을 보여주는 메뉴로서 실제 핸드볼 경기에서 사용하는 정식 용어로 표기되어 있다.

1. 오버핸드 패스 | 단계 | 1

부 제목을 나타내고 있으며, 그 장의 운동 기능 습득을 위한 핵심 요소가 들어가 있는 내용이라고 할 수 있다.

기술 습득의 난이도를 나타내는 메뉴로서 1단계부터 5단계까지 나누어져 있다.

머리위에서 패스하기

올바른 오버핸드 패스 자세

오버핸드 패스는 슈팅 자세와도 연결이 되는 가장 기본적인 패스방법이며, 가장 많이 사용하는 패스법이다. **위의 그림처럼 공을 잡으면 손가락을 넓게 벌려 잡고 공이 허벅지 옆을 지나가 원을 그리듯 스윙한다. 팔꿈치는 어깨보다 높이 위치에서 스윙하며, 팔꿈치의 각도는 90도 정도가 적당하다.** 스윙 동작은 물 흐르듯 부드럽게 스윙하는 것이 좋으며, 몸 전체의 힘을 이용하여 패스한다.

운동기능의 핵심 요소를 설명하는 부분으로 색깔 있는 부분으로 처리되었으며, 기능의 시간적 순서에 따라 수행 요령을 기재하였음.

QR코드 인식 애플리케이션을 통해 운동기능별 동영상을 보며 학습 및 연습을 할 수 있다. 책에서 제시되어 있는 핵심 요소를 파악한 후 동영상을 통해 보다 견고한 학습이 될 수 있도록 도움을 받을 수 있다.

이 책은 핸드볼의 운동 기능별로 카테고리를 구성하고 있으며, 각 페이지는 운동기능을 나타내는 제목, 운동기능의 핵심요소를 보여주는 부 재목, 운동기능의 어려움 정도를 나타내는 단계, 운동 기능 수행의 연속적 사진, 사진 설명 및 운동 기능 수행 연습을 위한 설명, 각 수행 장면에서의 중요한 핵심 요소를 제시하고 있다. 따라서, (아래와 같이 연속적인)운동 기능 수행 사진을 따라 연습을 해보며, 제시되어 있는 핵심 요소를 파악하고 실행하는 것도 좋은 연습 방법이 될 수 있다.

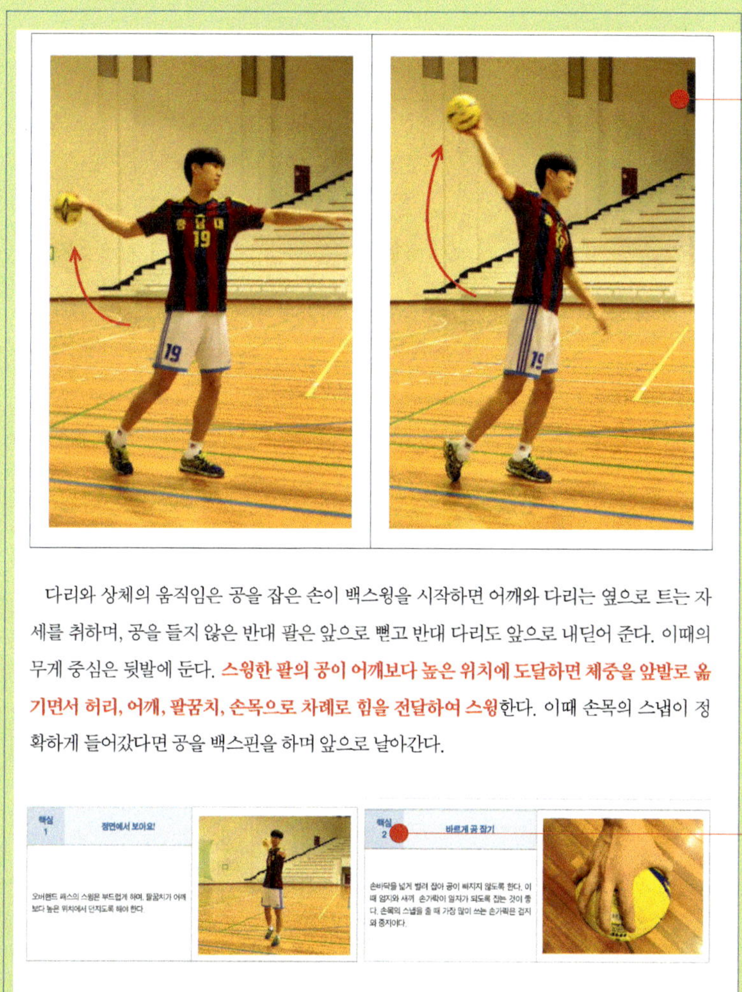
다리와 상체의 움직임은 공을 잡은 손이 백스윙을 시작하면 어깨와 다리는 옆으로 트는 자세를 취하며, 공을 들지 않은 반대 팔은 앞으로 뻗고 반대 다리도 앞으로 내딛어 준다. 이때의 무게 중심은 뒷발에 둔다. **스윙한 팔의 공이 어깨보다 높은 위치에 도달하면 체중을 앞발로 옮기면서 허리, 어깨, 팔꿈치, 손목으로 차례로 힘을 전달하여 스윙**한다. 이때 손목의 스냅이 정확하게 들어갔다면 공을 백스핀을 하며 앞으로 날아간다.

핵심 1 정면에서 보아요!

오버핸드 패스의 스윙은 부드럽게 하며, 팔꿈치가 어깨보다 높은 위치에서 던지도록 해야 한다.

핵심 2 바르게 공 잡기

손바닥을 넓게 벌려 잡아 공이 빠지지 않도록 한다. 이때 엄지와 새끼 손가락이 일자가 되도록 잡는 것이 좋다. 손목의 스냅을 줄 때 가장 많이 쓰는 손가락은 검지와 중지이다.

운동기능의 수행 장면을 연속적인 사진으로 제시하였으며, 수행 사진과 함께 중요한 핵심 요소를 제시하였다.

운동기능 수행을 위한 중요 요소를 '핵심'이라는 주제로 구체적인 사진과 함께 제시하였다.

Chapter 01

핸드볼의 개요

핸드볼 시작하기

1. 핸드볼
2. 핸드볼 경기장

1. 핸드볼

단계 1

핸드볼 경기

오늘날의 핸드볼은 20세기 초 유럽의 독일을 중심으로 한 11인제 경기부터 거슬러 올라 갈 수 있으며, 1972년 뮌헨 올림픽에서 남자부의 7인제 경기가 정식 종목으로 채택되었다. 유럽에서는 축구 다음으로 인기 있는 스포츠로 자리 잡고 있으며 올림픽, 아시안 게임, 세계선수권대회 등 권위 높은 경기들이 다양하게 개최되고 있다.

핸드볼 경기는 한 팀에 7명으로 구성되어 두 팀이 득점의 양으로 승패를 겨루는 단체 스포츠로 학교 체육에서는 농구, 축구 등과 같이 영역형 경쟁활동의 범주에 포함되어 있다.

핸드볼은 기본적으로 손으로는 공을 다루고 다리로는 뛰면서 경기를 하며, 농구나 축구보다 신체적 접촉의 강도가 높아 강한 몸싸움이 매우 빈번하게 일어나는 스포츠라고 할 수 있다. 또한 경기를 유리하게 이끌기 위해서는 상대 선수보다 빨리 뛰고 높이 뛰어 오르고 정확하게 공을 던져야하기 때문에 강한 스피드, 높은 도약력, 협응력 등의 모든 체력요소가 필요하다고 할 수 있다.

핸드볼 공의 크기는 한 손으로 다룰 수 있는 크기이며, 성장 발달을 고려해 초등학교, 중학교, 고등학교에서 대학, 실업, 여자까지 다른 공의 크기를 가지고 경기를 한다. 엘리트 선수들은 경기력의 극대화를 위해 왁스라는 것을 사용해 공이 손에 보다 잘 잡힐 수 있게 한다. 하지만 일반 학교에서의 핸드볼은 왁스의 사용은 어렵고 보다 규정된 크기보다 작은 공을 사용하거나 겉 표면이 조금 부드러워 한 손으로 잡기 쉬운 공을 선택해 사용하는 경우가 많다.

포지션은 총 7개의 포지션으로 구분할 수 있으며, 필드 플레이어 6명(백 플레이어 3명, 윙 플레이어 2명, 피봇 플레이어 1명)과 1명의 골키퍼로 구성해 경기를 한다. 핸드볼 경기에서는 득점을 위해 패스를 하고 드리블을 하며 상대 수비수를 속이는 페인트를 구사하여 슈팅까지 연결하고 때로는 빠르게 때로는 천천히 움직여 골을 성공시키는 과정을 볼 수 있다. 수비는 규칙이 허용되는 범위 안에서는 공격 행동을 저지할 수 있는데 규정 안에서의 홀딩이나, 가로채기 등을 통해 득점을 방해한다. 각각의 포지션에 따라 정확한 역할이 부여되어 있고 특성에 맞는 경기 기능을 익혀야 제대로 핸드볼을 즐길 수 있다. 더 나아가 학교 체육에서는 포지션간의 명확한 역할 구분이 일어나지 않아 손으로 하는 축구의 형태로 수업이 진행되기도 하지만 포지션의 특성에 맞는 기능을 조금만 숙지한다면 좀 더 수준 높은 핸드볼을 할 수 있을 것이다.

핸드볼은 모든 운동의 기본인 달리고, 뛰고, 던지는 요소를 갖추고 있는 것으로서 기초적인 운동 능력을 바탕으로 조화로운 신체적 발달과 더불어 팀 구성원과의 협동, 규칙을 준수하는 준법, 상대를 배려하는 스포츠맨십 등의 인성 덕목을 함양할 수 있다는 점에서 교육적 가치를 엿볼 수 있는 스포츠 종목이라고 할 수 있다.

2. 핸드볼 경기장

단계 1

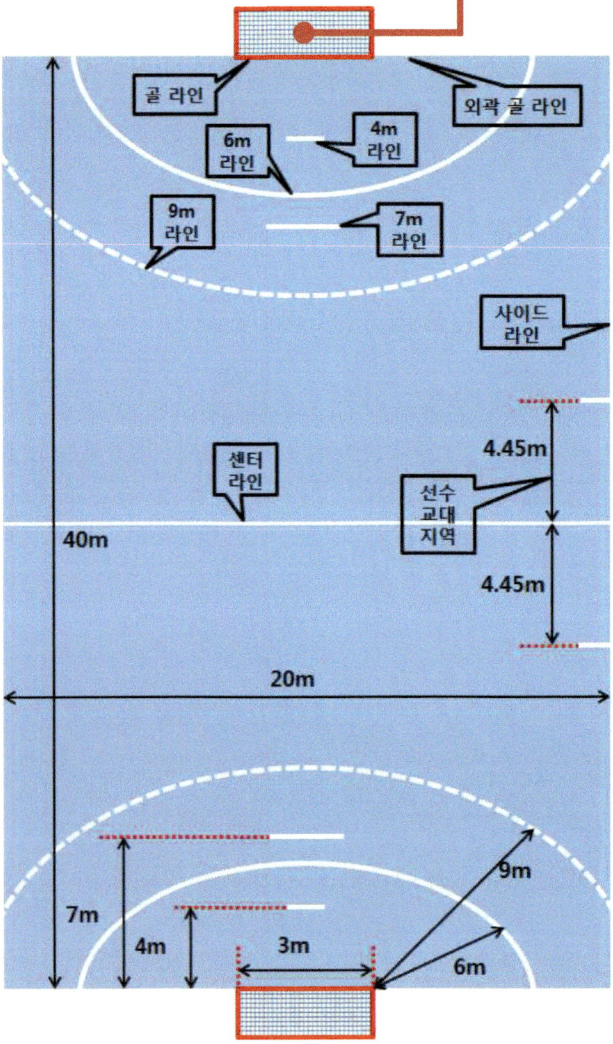

▣ 골 라인
득점의 성공 여부와 공의 아웃을 판단하는 기준 라인

▣ 4m 라인
페널티드로우 방어 시 골키퍼가 최대 앞으로 나올 수 있는 범위

▣ 6m 라인
골 에어리어 라인으로 공격이나 방어 시 안으로 들어갈 수 없는 라인

▣ 7m 라인
페널티드로우 라인

▣ 9m 라인
프리드로우 라인

▣ 선수 교대 지역
경기 중 선수 교대 시 지켜야 하는 라인

Chapter 02

핸드볼의 준비

핸드볼 몸 만들기

1. 관절 운동과 스트레칭
2. 스텝 운동
3. 보강 운동

1. 관절 운동과 스트레칭

단계 1

운동 전 준비운동은 아무리 강조해도 부족하다. 준비 운동의 목적은 부상의 예방과 하고자 하는 주 운동의 효과를 높일 수 있는 심신의 적정 상태를 만드는데 목적이 있다고 할 수 있다. 준비운동을 통해 우리 몸의 근육계, 신경계, 순환계 등의 예열을 통해 신체가 운동을 할 수 있는 적절한 상태를 만드는 것이라고 할 수 있다. 준비운동은 가벼운 달리기부터 시작하여 관절을 부드럽게 만들어주는 관절 운동과 관절의 가동범위를 넓히고 근육을 이완시켜주는 스트레칭으로 마무리 하는 것이 좋다. 달리기 운동은 가로 20m, 세로 40m의 핸드볼 경기장을 몇 바퀴 가볍게 뛰는 것으로 마무리 할 수 있다.

관절 운동

관절 운동은 보통 심장에서 먼 부위에서 시작하는 것이 일반적이며, 한 곳의 관절을 돌려주는 동작을 10초 정도 지속하는 것이 좋다.

발목 돌리기

발목 돌리기는 부드럽게 넓은 부위가 자극될 수 있도록 천천히 돌려준다.

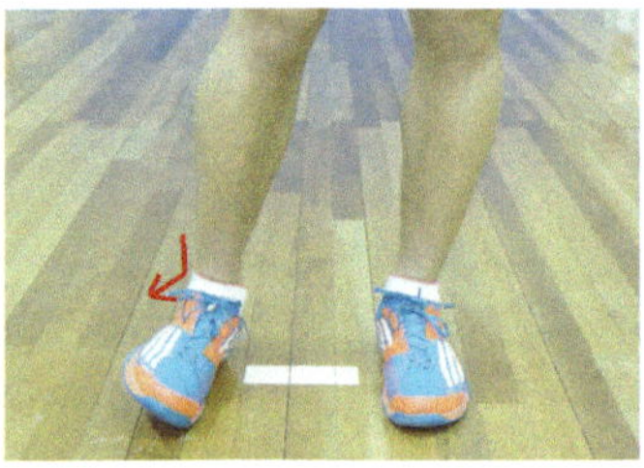

발목을 안쪽으로 접어 바깥쪽 부위를 눌러줌

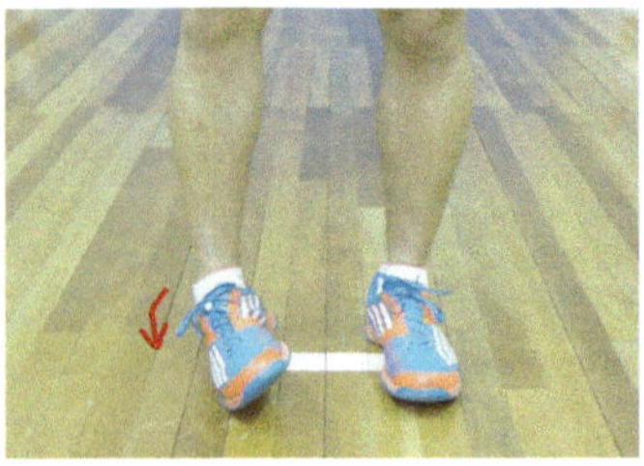

발목을 바깥쪽으로 접어 안쪽 부위를 눌러줌

무릎 돌리기

무릎을 잡고 왼쪽, 오른쪽, 안쪽, 바깥쪽으로 각각 천천히 회전시켜 돌려주는 것이 좋다.

허리 돌리기

허리 돌리기는 왼쪽과 오른쪽 방향 모두 실시해주는 것이 좋다. 허리 돌리기를 하며 고 관절에 약간의 긴장을 느낄 수 있는 강도가 좋다.

어깨 돌리기

핸드볼에서 어깨는 가장 중요한 부위라고 할 수 있다. 양손으로 어깨를 짚고 하는 작은 어깨 돌리기, 어깨를 크게 돌려주는 큰 어깨 돌리기를 모두 실시하는 것이 좋다.

목 돌리기

목 돌리기를 할 때는 어깨 넓이로 다리를 벌리고 신체를 일자는 바르게 정렬 후 실시해야 한다. 목 돌리기는 다른 부위보다 조금 천천히 늦은 템포로 실시하는 것이 좋으며, 왼쪽과 오른쪽 방향 모두 실시하는 것이 좋다.

손목 돌리기 · 스트레칭

손목 돌리기는 위의 그림과 같이 한쪽 식 실시하며 왼쪽과 오른쪽 방향으로 천천히 돌려준다. 그리고 우측의 그림처럼 스트레칭 해주는 것도 좋다.

몸통 돌리기

몸통 돌리기는 양 팔을 벌린 상태에서 위 아래로 움직이면서 몸통을 왼쪽과 오른쪽 방향으로 돌려준다. 이때 다리와 머리는 움직이지 않는다.

스트레칭

운동 전 반드시 스트레칭을 해야 하는 이유는 스트레칭을 통해 운동을 하고자 하는 근육의 혈류량을 증가시킬 수 있다. 이러한 작용은 근육의 충분한 산소 공급을 가져오며 신체를 좀 더 활성화시켜 운동의 최적 수행을 위한 신체적 또는 심리적 준비라고 할 수 있다. 스트레칭은 주로 관절의 가동 범위를 넓혀주는 동작으로 근육을 이완시켜 근육의 온도를 높여주는 효과를 볼 수 있다. 사람은 개인마다 관절이 움직이는 범위 즉 유연성에 차이가 있으므로 제시되는 운동 강도를 따라가기 보다는 자신만의 운동 강도를 설정하는 것이 중요하다. 예를 들면 서서 무릎 펴고 손으로 땅 짚기를 할 때 손바닥 전체가 땅에 닿았을 때 너무 통증이 심하면 잘못된 방법이라고 할 수 있다. 적정 강도는 스트레칭 운동 부위에 약간의 통증을 느끼는 정도라고 할 수 있으며, 지속적인 운동으로 유연성이 좋아지고 있다면 조금씩 운동 강도를 높이는 것이 바람직하다. 한 동작의 지속시간은 10초 ~ 20초 정도가 적당하다.

앉아 발바닥 붙이고 상체 숙이기

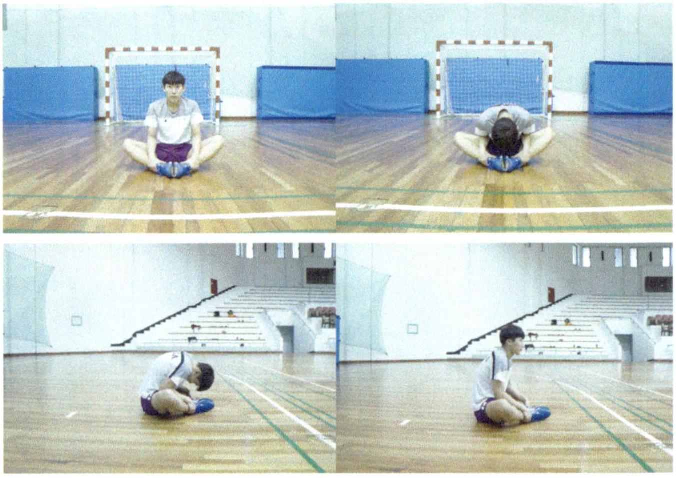

양 발바닥을 모으고 자신의 몸 쪽으로 최대한 당긴 상태에서 상체를 땅 쪽으로 숙여주는 자세이다. 헉벅지 안쪽 근육과 관절을 스트레칭할 수 있는 동작이다.
스트레칭을 시작할 때 가장 먼저 할 수 있는 기본적인 스트레칭으로 몸을 가볍게 풀 수 있는 기초적인 스트레칭 동작이다.

앉아 무릎 펴고 상체 숙이기

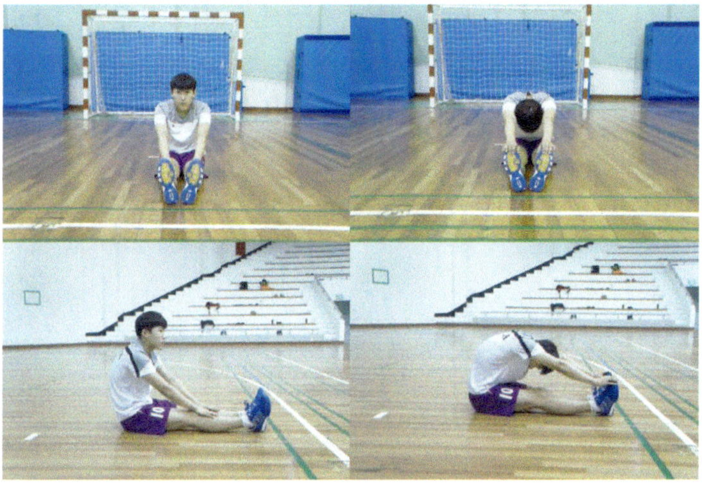

앉아 무릎 펴고 상체 숙이는 동작은 가장 기본적으로 실시하는 하체 스트레칭 동작이다. 호흡할 때 상체를 숙이면서 조금씩 내쉬는 것이 중요하다. 유연성은 개인차가 있으므로 발 끝을 잡을 수 없다면 발목을 잡아도 괜찮다.

무리한 동작은 허리의 통증을 유발할 수 있으므로 적절한 강도로 실시해야 한다.

목 숙이기(뒤쪽, 왼쪽, 오른쪽, 앞쪽)

목 부위의 스트레칭을 할 때는 몸을 곧게 펴주고 목 부위의 근육을 천천히 당기거나 눌러 근육을 긴장시키는 것이 좋다.

양손 들어 위로 올리기

양손을 깍지 끼고 손바닥이 위로 오게 하여 신체가 모두 펴질 수 있도록 해준다.

양손 들어 상체 옆으로 기울이기(왼쪽, 오른쪽)

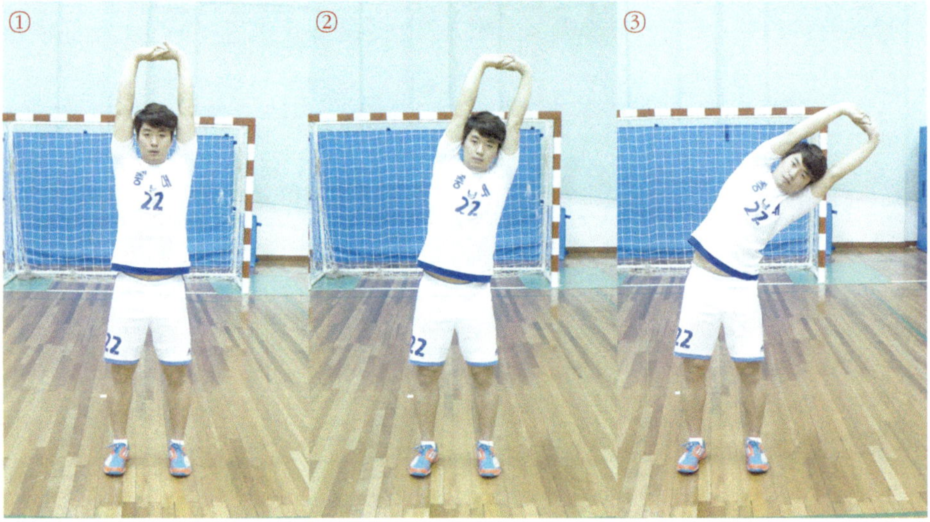

양손을 깍지 끼고 손바닥이 위로 올라간 자세에서 어깨가 어깨선을 벗어나지 않도록 비틀어지지 않게 왼쪽과 오른쪽으로 기울여준다.

양손으로 무릎 잡고 어깨 비틀기(왼쪽, 오른쪽)

양발을 어깨 넓이 보다 넓게 벌리고 무릎을 구부린다. 양 손으로 무릎을 잡고 어깨를 비틀어 준다.

양손 들어 상체 옆으로 기울이기(왼쪽, 오른쪽)

한 발로 균형을 잡으며 반대 방향을 무릎을 접고 발끝이 엉덩이와 닿을 정도로 당겨준다. 당겨져 있는 다리의 앞쪽 대퇴근을 스트레칭 시켜준다.

무릎 펴 손으로 땅 짚기

양 손으로 땅을 짚는 동작으로 이때 중요한 것은 반드시 무릎이 펴져 있어야 하며, 호흡은 숨을 내쉬면서 동작을 유지하는 것이다. 허리나 다리에 통증이 심하면 발목을 잡아도 좋다.

등 뒤로 깍지 끼고 상체 숙이기

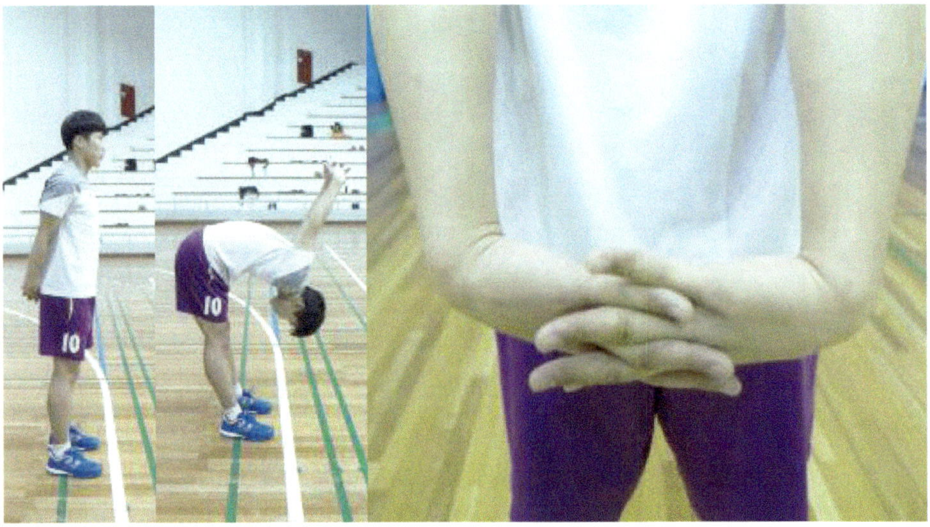

등 뒤로 깍지를 끼는 방법은 손바닥이 몸 쪽으로 오게 만든다. 호흡할 때는 숨을 내쉬면서 천천히 내려간다. 이때 무릎은 반드시 펴져 있어야 한다.

2. 스텝 운동

단계	1				

핸드볼 경기에서 스텝은 아주 중요한 경기 기능이라고 할 수 있다. 공격과 수비 시 모두 스텝을 바탕으로 핸드볼 경기를 하기 때문이다. 가장 기본적이지만 가장 중요한 기본 기능이라고 할 수 있다. 스텝 운동을 통해 핸드볼 스텝을 몸에 익히기 준비운동의 효과도 가져올 수 있는 방법들을 소개한다.

3m 스텝 운동

3m 스텝 운동은 아래의 그림과 같이 핸드볼 경기장의 6m라인과 9m라인의 사이를 스텝으로 왔다 갔다 하는 동작을 반복하는 것이다.

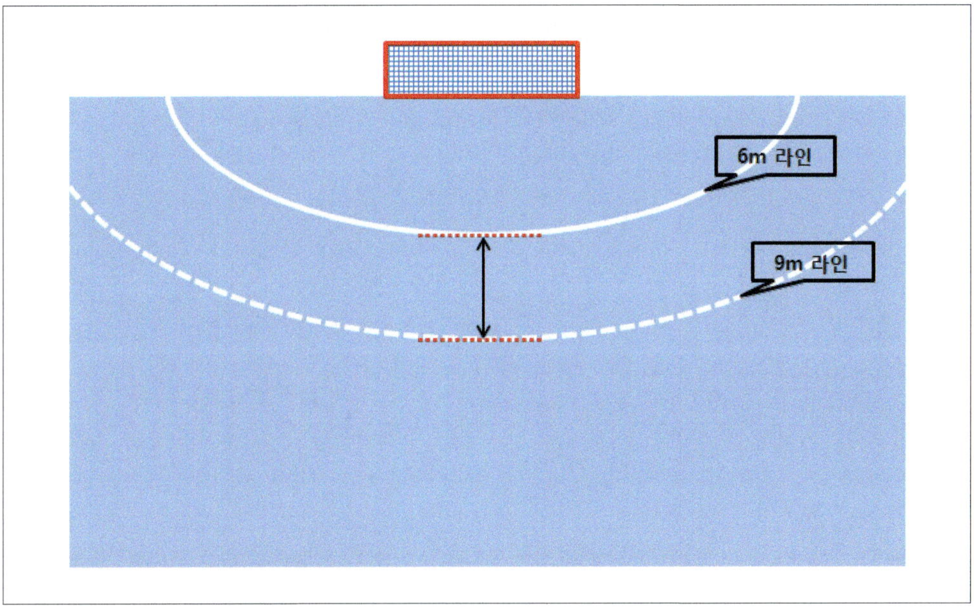

다음 페이지에 있는 사진을 보면 스텝(사이드 스텝)의 기본자세를 보면 양발을 어깨보다 넓게 벌리고 무릎을 굽히고 양손을 들어주는 자세가 기본적인 스텝 운동 자세라고 할 수 있다. 3m의 간격을 사이드 스텝으로 반복하여 왔다 갔다 하는 것이다. 이러한 스텝 운동은 핸드볼 경기에서 가장 중요한 스텝을 익히고 발목의 힘을 기를 수 있으며, 순간적으로 방향을 전환하는 능력인 민첩성을 높일 수 있는 운동 방법이다. 3m 스텝운동은 왕복 7회~10회 정도가 적당하다. 그리고 방향을 전환하는 기준 지점은 라인과 가까운 발이 선을 밟으면서 방향을 전화하면 된다.

1번부터 10번 가지의 사진처럼 6m라인과 9m라인 사이를 왕복하는 것이다. 가고자 하는 방향의 반대 발바닥에 힘을 주어 움직여야 민첩하게 이동할 수 있다.

라인 타기 스텝 운동

라인 타기 스텝 운동은 6m라인과 9m라인을 연결하여 사이드 스텝으로 움직이는 방법이다. 6m라인에서 시작을 한다고 가정하면 골 포스터를 등지고 사이드 스텝을 이용하여 반대편 끝까지 움직인 다음 9m라인으로 넘어와 도착지점까지 사이드 스텝으로 이동하는 것이다. 이 방법 또한 핸드볼 기본 스텝을 익히기 좋은 방법이며, 수비 상황에서의 응용 방법이 높은 연습법이다.

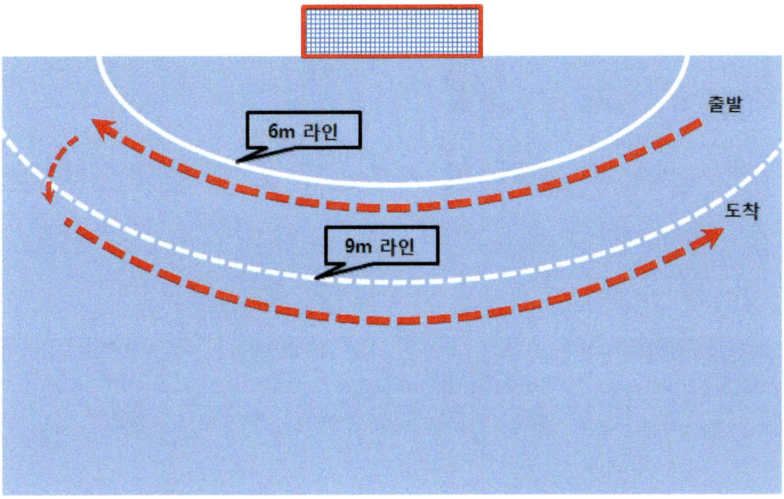

사진과 같이 사이드 스텝으로 6m 라인과 9m 라인을 연결하여 돌아온다. 이 때 판을 흔들며 스텝운동을 실시한다.

3. 보강 운동

단계	1				

체중을 이용한 근력 운동

핸드볼 경기를 위한 최적의 신체적 준비를 하기 위해서는 기본적인 체력 수준이 높은 것이 좀 더 유리할 것이다. 높은 체력 수준을 가지고 있다면 순발력이 좋아 상대 수비수를 더 수월하게 앞서갈 수 있을 것이고 근력이 좋다면 좀 더 강력한 슈팅을 할 수 있을 것이다. 체력은 크게 두 가지로 분류할 수 있는데 첫 번째는 운동 관련 체력이고 두 번째는 건강 관련 체력으로 구분할 수 있다. 하지만 이 책에서는 핸드볼 경기에 필요한 보강 운동은 자신의 체중을 이용한 근력 운동을 중심으로 근력 증가와 더불어 준비운동의 효과를 볼 수 있는 방법들을 소개한다.

엎드려 손발 들어올리기

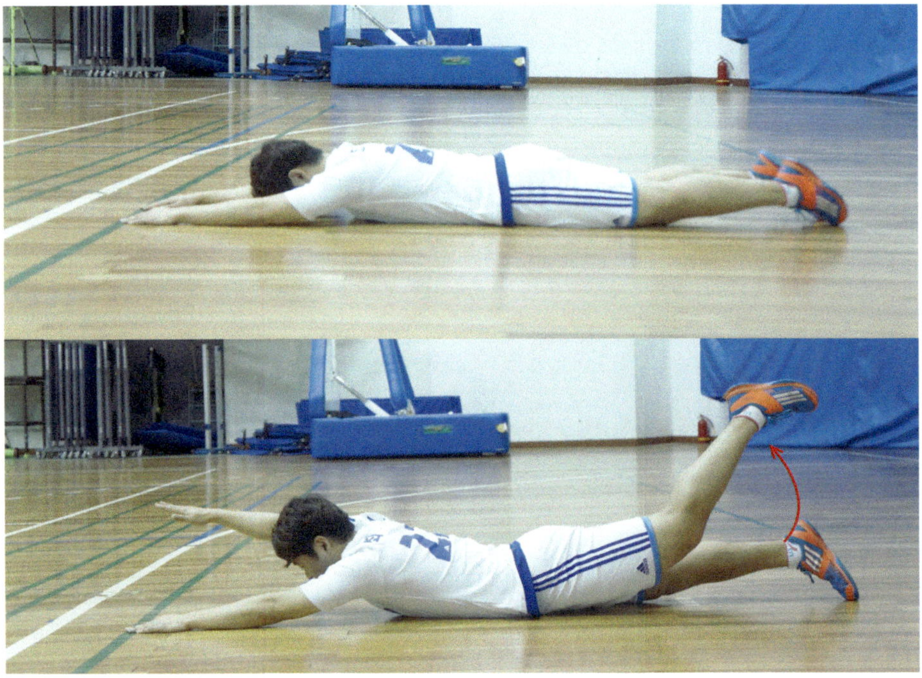

손과 발을 동시에 들어 올리는데 반대 방향의 손과 발을 찍 지어 들어 올린다. 척추 기립근과 어깨 주위의 근육, 대둔근을 강화시켜주는 동작이다. 양쪽을 번갈아가며 30회 정도 실시한다.

서서 한쪽 다리 안쪽 바깥쪽으로 움직이기

몸을 바르게 편 자세에서 한 쪽 다리를 들어 옆으로 반듯하게 들어 올리고 반대편 다리까지 넣어 주는 동작을 15회에서 20회 정도 반복해준다.

앉아 한쪽 다리 들어 박수 치기

한쪽 다리를 들어 올리면서 허벅지 아래에서 박수를 친다. 복근을 강화시켜 주는 동작으로 양쪽을 번갈아가며 30회에서 40회 정도 실시한다.

서서 한쪽 다리 들어 박수 치기

양 팔을 벌리고 바르게 선 자세에서 한 쪽 다리를 빠르게 들어 올리면서 허벅지 아래에서 박수를 친다. 복근의 강화 운동으로 양쪽 다리를 번갈아 가며 30회에서 40회 정도를 실시한다.

제자기 앉아 일어나기

가장 잘 알려져 있는 하체 운동으로 허벅지와 바닥이 평행이 될 때까지 내려간다. 중요한 것은 내려갈 때 등과 허리를 곧게 펴줘야 한다. 대퇴근 등을 강화시켜주는 동작이며 20회에서 25회 정도를 실시한다.

손 모아 팔굽혀 펴기

상체와 하체가 일직선이 되도록 천천히 내려간다. 상체 강화 동작으로 15회에서 20회 정도 실시한다.

한쪽 다리 들어 반대편 손으로 터치하기

양 팔을 벌리고 바르게 선 자세에서 한쪽 다리는 들어 올리고 반대쪽 손으로 발끝을 터치한다. 복근을 강화시켜 주는 동작으로 양쪽을 번갈아 가며 20회에서 30회 정도 실시한다.

공

골기퍼 준비운동

스텝운동

스텝운동

스트레칭

스트레칭

놀이를 이용한 준비운동

놀이를 이용한 준비운동

패스 연습

Chapter 03

포지션

7개의 포지션

1. 포지션
2. 센터 백
3. 백(레프트 백, 라이트 백)
4. 윙(레프트 윙, 라이트 윙)
5. 피봇
6. 골키퍼

1. 포지션

단계	1				

7개의 포지션

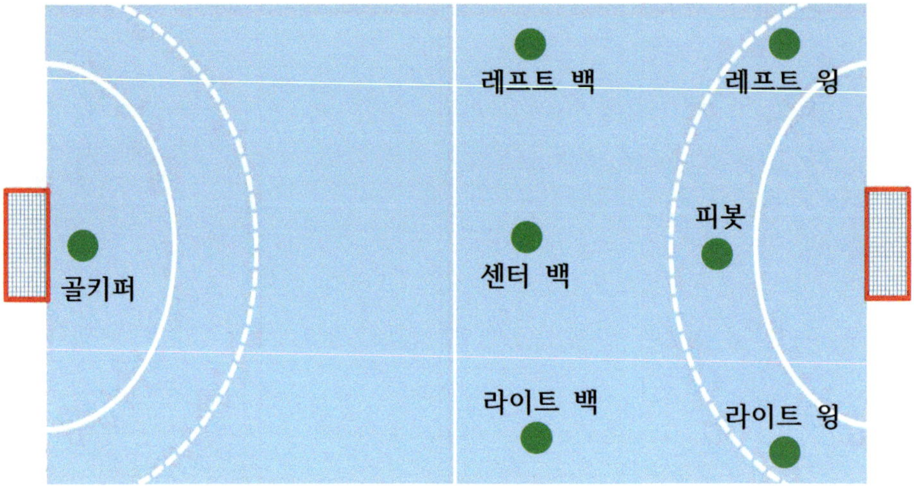

핸드볼 경기에는 7개의 포지션이 있다. 같은 영역형 경쟁 활동인 농구와 비슷하게 각 포지션 별 역할이 분명히 정해져 있으며, 선수 개개인의 특성에 맞는 포지션을 결정하여 연습하는 것이 중요하다.

위의 그림처럼 골키퍼는 상대 공격수의 슈팅을 최종 방어하는 포지션이며, 센터 백은 경기장의 사령관 역할을 맡는다. 마치 농구의 포인트 가드처럼 적재적소에 공을 전달하고 지휘하며 공격과 수비를 조율하는 역할을 하는 것이다. 레프트 백과 라이트 백은 팀의 주 공격수로 신장이 크고 슈팅 능력이 좋은 선수가 맡는다. 농구의 슈팅 가드나 스몰 포워드 정도라고 생각하면 좋다. 레프트 윙과 라이트 윙은 스피드가 좋고 근거리 슈팅 센스가 돋보이는 선수가 대부분 맡으며, 대부분 순발력이나 운동센스가 좋다. 마지막 피봇 포지션은 경기 내내 상대방과 몸싸움을 해야 하며, 힘이 좋고 빈 공간을 잘 찾아다니는 능력이 중요한 포지션이다.

2. 센터 백

단계	1				

팀 공격 조직하기

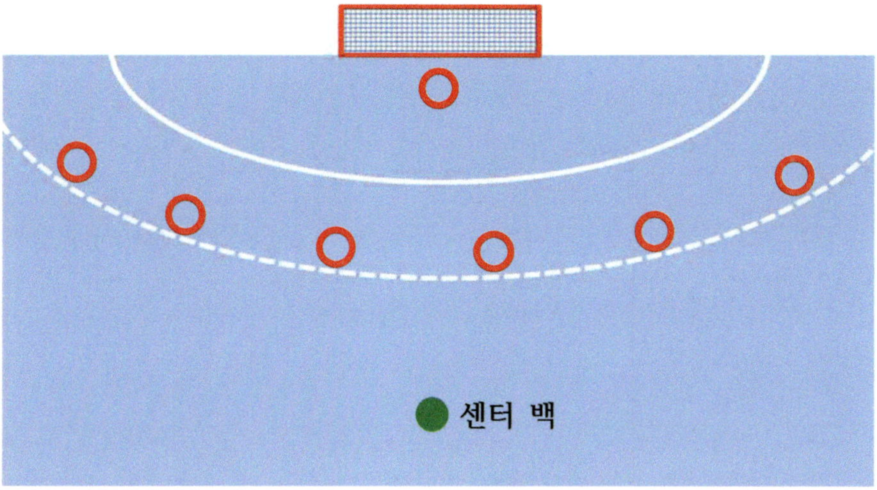

센터 백 포지션은 위의 그림처럼 **경기장의 한 가운데 위에서 위치하여 경기를 주도하며 주로 팀의 에이스 역할을 하는 선수가 맡는 포지션**이다. 농구의 포인트 가드, 축구의 공격형 미드필더, 미식축구의 쿼터백과 같은 역할을 하는 포지션이라고 할 수 있다.

센터 백 포지션은 핸드볼의 종합적인 능력이 골고루 갖춰야 하는 포지션이다. 넓은 시야를 바탕으로 왼쪽과 오른쪽으로 패스를 빠르게 연결하여 동료들의 찬스를 만들어 주어야 한다. 또한 빠르게 때로는 느리게 경기의 템포를 조절하여 팀을 운영해야 한다. 1:1 돌파 능력도 센터 백이 반드시 갖춰야 하는 능력이며, 다양한 상황에서 다양한 자세로 슈팅을 할 수 있는 기술도 갖추고 있어야 한다. 센터 백은 팀의 에이스로서 경기장 구석구석을 뛰어다니며 패스하고, 슈팅하고, 경기를 조율하는 공격과 수비에 가장 많이 관여하는 포지션이다.

3. 백(레프트 백, 라이트 백)

단계	1				

팀의 주 득점원

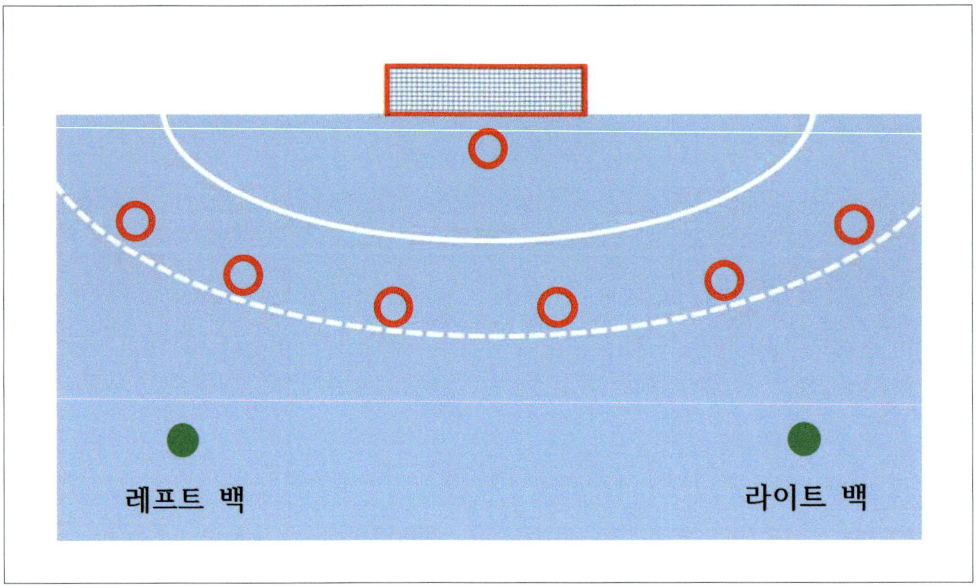

백 포지션은 위의 그림처럼 왼쪽에서 활동하는 레프트 백과 오른쪽에서 주로 움직이는 라이트 백이 있다. 백 포지션의 가장 큰 역할을 많은 슈팅을 시도하여 많은 득점을 올리는 것이다. 그러므로 **1:1 돌파를 통한 근거리 슈팅이나 수비수들의 블로킹을 앞에 두고 높은 타점에서의 중거리 슈팅 능력**이 반드시 필요하다. 보통 레프트 백은 오른손잡이가 라이트백은 왼손잡이가 맡는 것이 일반적이다. 포지션의 위치 상 좀 더 편하고 위력적으로 슈팅할 수 있게 때문이다. 보통 신장도 크고 빠르고 중거리 슈팅 능력이 좋은 선수들이 백 포지션을 맡는다. 백 플레이어가 갖춰야하는 가장 중요한 능력은 슈팅 능력이다. 그 중에서도 9m 에어라인 밖에서 슈팅할 수 있는 중거리 슈팅 능력이 필수라고 할 수 있다. 중거리 슈팅을 시도해야 수비가 앞으로 전진 하고 그 뒤 공간에 피봇 플레이어의 찬스가 생겨 좀 더 경기를 유리하게 운영할 수 있기 때문이다.

4. 윙(레프트 윙, 라이트 윙)

단계	1				

속공상황에서 스피드 살리기

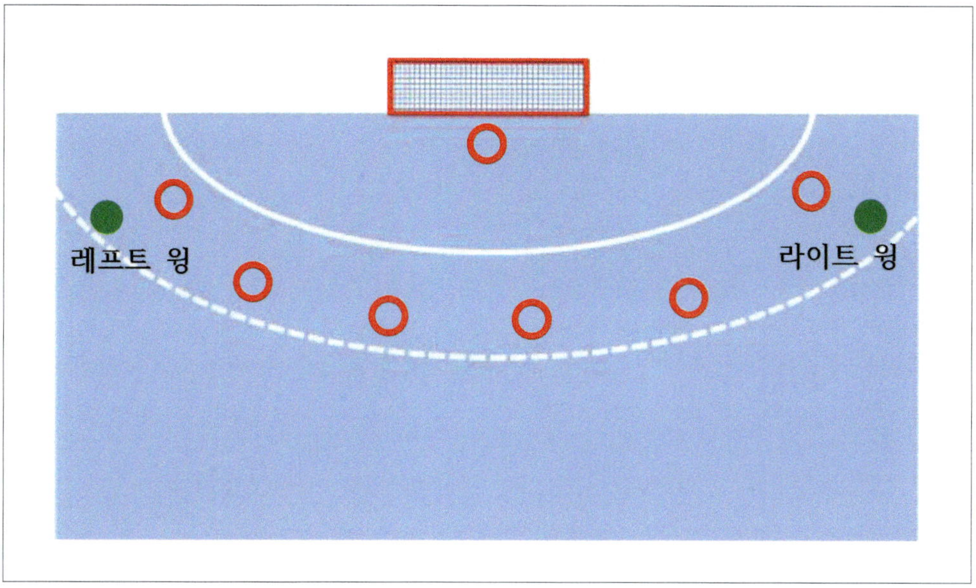

핸드볼 경기에서 윙 포지션은 축구의 박지성 선수가 맨체스터 유나이티드에서 주로 맡았던 윙 포워드와 비슷한 유형의 포지션이다. 빠른 스피드로 측면을 공격한다고 할 수 있으며, 신장은 작아도 속공으로 전환하는 능력이 돋보여야 한다. 물론 수비 시에도 빠른 전환으로 상대의 윙 포지션 선수를 수비해야 한다.

윙 포지션의 위치 상 슈팅할 수 있는 각도가 작은 측면에서 슈팅을 해야 한다. 그러므로 측면에서 중앙으로 날아올 수 있는 **높은 점프력과 골키퍼와 1:1 상황에서 슈팅을 성공시킬 수 있는 다양한 슈팅 기술**을 가지고 있어야 한다. 또한 계속되는 공격과 수비 상황에서 빠르게 전환할 수 있는 강한 체력이 기본이 되어야 한다.

핸드볼을 소재로 한 영화 '우리 생애의 최고의 순간'의 모델이 된 우리나라의 우선희 선수가 대표적인 윙 플레이어라고 할 수 있다.

5. 피봇

단계	1				

수비수 사이에서 패스 받기

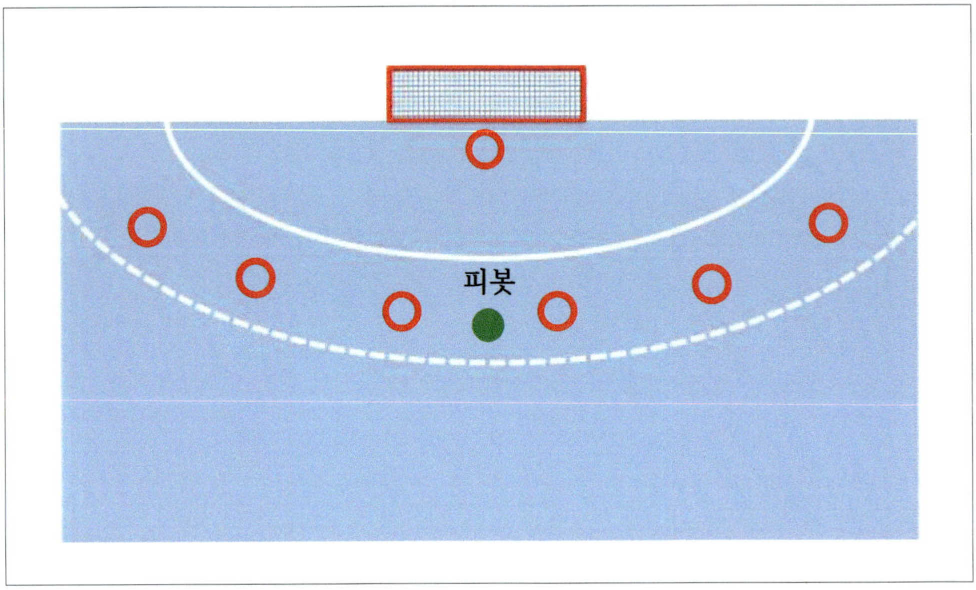

피봇 플레이어는 팀의 궂은일을 해야 하는 포지션으로 **경기 내내 상대 수비수와의 몸싸움을 하며 동료들의 찬스를 만들거나 빈 공간을 찾아 움직이는 포지션**이다. 보통 신장과 파워가 좋아 몸싸움에도 밀리지 않는 선수가 포지션에 배치된다.

피봇 플레이어가 갖추어야 하는 능력으로는 우선 빈 공간을 찾아 움직이는 능력이 좋아야 한다. 또한 피봇 위치에서의 슈팅은 골키퍼와 1:1 상황이므로 반드시 골로 연결시킬 수 있는 슈팅능력이 중요하다. 외곽에 있는 백 플레이어들과 2:2 플레이를 할 수 있어야 하며, 상대 수비수에 스크린을 걸고 빈 공간으로 움직이거나 상대 수비를 막아 좀 더 유리한 위치에서 백 플레이어들이 슈팅할 수 있는 찬스를 만들어 줄 수 있어야 한다.

6. 골키퍼

단계				4	

공격자의 슈팅 방어하기

핸드볼 경기에서 골키퍼는 상대 공격수의 슈팅을 최종 방어하는 아주 중요한 역할을 하는 선수이다. 보통 큰 신장을 가지고 있으며, **다양하게 변화하는 슈팅 상황에서 상태의 슈팅 코스를 예측하여 방어하는 재빠른 상황판단과 의사결정 능력**을 갖추고 있어야 한다.

위의 그림처럼 골키퍼의 기본자세는 다리를 어깨 넓이보다 조금 더 벌리고 팔을 위로 들어 있는 자세이다. 중요한 것은 골키퍼는 항상 팔을 위로 들고 있어야 위쪽 코스로 오는 공도 빠르게 반응하여 방어할 수 있으며, 시각적으로도 커 보여 방어율을 높일 수 있다.

핸드볼 경기에서 골키퍼의 비중은 굉장히 높다고 할 수 있으며, 골키퍼의 슈팅 방어율에 따라 경기의 승패가 좌우되기 때문이다. 우리나라 여자 핸드볼 국가대표 팀은 올림픽대회 결승전에서 유럽 팀 골키퍼의 벽을 넘지 못하고 번번이 금메달을 눈앞에서 놓치는 경우가 많았다.

골키퍼의 기본 : 공을 따라 움직이기

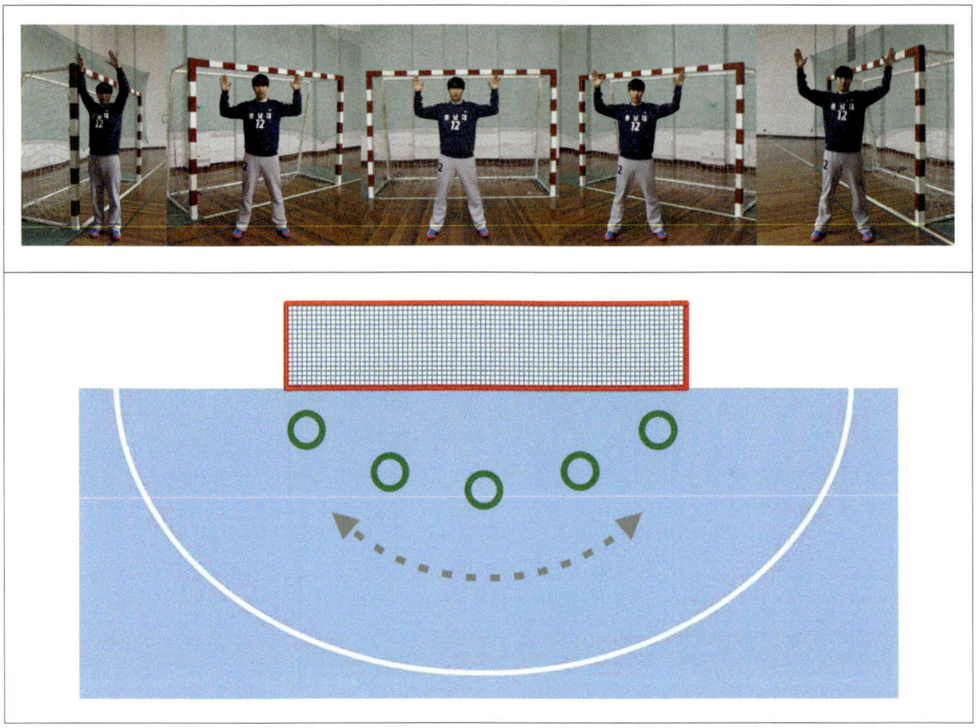

핸드볼 경기에서 골키퍼의 중요성을 아무리 강조해서 부족하다. 핸드볼 경기는 상대 공격에 대한 골키퍼의 슈팅 방어율에 따라 경기의 승패가 결정될 수 있게 때문이다. 숙련된 골키퍼 일수록 100km에 육박하는 강한 슈팅에 좀 더 정확하게 예측하고 빠르게 반응하기 위해 상대 공격수들의 패스를 통한 공의 이동에 따라 공의 방향으로 항상 이동한다. 사이드 스텝을 이용하여 골대 앞에서 반원을 그리며 공의 방향으로 가슴 쪽으로 정면에서 방어할 수 있도록 이동하는 것이 중요하다. 이러한 골키퍼의 기본자세는 슈팅 방어를 위한 가장 중요한 첫 걸음이라고 할 수 있다.

슈팅 코스에 따른 자세 1 : 하이 슈팅

왼쪽 하이 코스의 슈팅 방어 사진으로 왼쪽 다리를 이용해 땅을 힘차게 차주어 빠르게 반대편으로 점프한다.

오른쪽 하이 코스의 슈팅 방어 사진으로 위와 마찬가지로 오른 다리로 땅을 빠르게 차주는 동작이 중요하다.

핸드볼 경기 중 가장 많이 나타나는 슈팅코스는 하이 코스라고 할 수 있다. 그만큼 하이 코스의 슈팅 방어율을 높이면 승리할 수 있는 확률을 높이는 것이라고 할 수 있다. 하이 코스의 슈팅에 대해 골키퍼는 항상 손을 들고 있는 자세가 반드시 필요하다. 그래야 빠른 속도의 슈팅에 빠르게 반응할 수 있기 때문이다.

왼쪽이나 오른쪽 방향으로 빠르게 손을 뻗기 위해서는 **손을 뻗는 반대편 발로 땅을 차 반대편 위로 빠르게 점프**하여 손을 뻗는 동작이 필요하다. 단순히 상체의 움직임만으로는 좀 더 빠르게 반응할 수 없으며 다리의 힘을 이용해 빠르게 점프하여 하이 코스의 슈팅을 방어해야 한다.

슈팅 코스에 따른 자세 2 : 바운드 슈팅

왼쪽 바운드 코스로 빠르게 팔과 다리를 뻗기 위해서 반대편 왼쪽 다리로 땅을 빠르게 차주는 동작이 중요하다.

위와 마찬가지로 오른쪽 다리를 이용해 강하게 땅을 차 반대편으로 빠르게 반응해야 한다.

바운드 코스의 슈팅에 대해 높은 방어율을 나타내기 위해서는 그림과 같이 팔과 다리를 이용해 방어 부위를 넓히는 동작이 반드시 필요하다. 그래야 공이 골포스트 안으로 들어갈 확률이 적어지기 때문이다.

바운드 코스의 슈팅도 하이 코스와 마찬가지로 왼쪽이나 오른쪽 방향으로 빠르게 움직이지 위해서는 가고자 하는 반대편 다리를 이용해 지면을 강하게 밀어 다리와 팔이 동시에 방어 자세를 만드는 것이 중요하다. 다리의 힘을 이용해 좀 더 빠르게 방어 동작을 만들어 슈팅 코스로 움직여야 하기 때문이다.

슈팅 위치에 따른 자세 : 윙 포지션 슈팅

아래 부분과 윗부분 | 허리부분의 옆구리 | 왼쪽 영역

기습적인 전진으로 슈팅각도 줄이기 | 점프하여 방어하기

윙 포지션에서의 슈팅은 슈팅 각도가 작기 때문에 기본적으로 골키퍼에게 유리한 상황이다. 하지만 영리한 공격수들은 골키퍼의 자세를 보고 빈 공간으로 슈팅을 하여 득점에 성공하기 때문에 정확한 자세로 빈 공간을 최대한 주지 않는 것이 중요하다고 할 수 있다. 또한 골키퍼는 다양한 방어 자세로 슈터로 하여금 예측할 수 없게 만드는 것이 방어율을 높이는데 유리하다고 할 수 있다.

위의 사진처럼 윙 포지션에서의 슈팅 공간은 허리 부분의 옆구리, 들어 올린 다리의 아래 부분 또는 위쪽 부분, 왼쪽 영역으로 나눌 수 있다. 각 코스에 맞는 정확한 자세로 방어하는 것이 필요하다.

1:1 상황에서의 슈팅 방어

앞으로 전진하여 슈팅 각도 줄이기

점프하여 팔과 다리를 들어 올려 방어하기

1:1 상황은 피봇 플레이어의 슈팅이나 상대 공격수의 노마크 찬스를 이야기하는 것으로 골포스트 바로 앞에서 방어하는 것 보다는 한 발이나 두 발 앞으로 나와 슈팅 각도를 줄여 방어하는 것이 성공률을 높일 수 있는 방법이다. 위의 그림처럼 골키퍼는 골포스트에서 **한 발에서 두 발 정도 앞으로 전진하고 점프하여 공중에서 팔과 다리를 뻗어 공격수의 슈팅하는 팔 쪽으로 각을 좁히는 자세**는 방어율을 높일 수 있는 올바른 자세라고 할 수 있다. 이러한 자세는 골포스트의 사각지역을 팔과 다리를 이용해 모두 방어할 수 있으며, 슈팅 각도를 줄였기 때문에 공격수 입장에서는 기술적인 슈팅이 필요한 상황이다. 앞으로 나와 방어하는 방법은 순간적으로 앞으로 뛰어 나와 방어 자세를 취하는 것이 방어율을 높이는 핵심이라고 할 수 있다.

Chapter 04

패스와 캐치

게임을 위한 기초

1. 캐치
2. 오버핸드 패스
3. 바운드 패스
4. 래터럴 패스
5. 공 다루기

1. 캐치

단계	1				

기본적인 자세 익히기

올바른 캐치 자세

캐치는 가장 기본적인 경기 기능이라고 할 수 있다. 가장 기초적이면서도 가장 중요한 기술로 패스가 어떻게 오더라도 정확하고 안정적으로 캐치하는 것이 필요하다. 이러한 기초적인 기능이 실수를 한다면 단번에 상대방으로 하여금 득점 찬스를 줄 수도 있다.

안정적인 캐치를 위해서는 위의 그림처럼 손가락을 약간 구부려 삼각형을 만들고 있는 준비자세가 중요하다. 그리고 **손을 뻗어 공이 날아오는 방향으로 내밀고 가슴으로 당기면서 공을 잡아야 한다.** 너무 힘을 주어서도 힘을 빼서도 안 되며, 자신의 가슴 쪽으로 공을 잡으면서 당기는 것이 안정적인 캐치의 비결이라고 할 수 있다.

공은 항상 정확하게 패스되지 않아요!

핵심 1 허리 아래쪽

제목처럼 핸드볼 경기는 다양하고 빠르게 환경이 변화한다. 공이 항상 받기 좋게 올 수 없으며, 다양한 코스로도 오는 공을 안정적으로 캐치하는 능력이 중요하다.

공이 허리 아래쪽으로 패스되어 올 때는 무릎을 굽히고 허리를 낮추어 손가락이 땅바닥을 향하도록 하는 자세에서 캐치하는 것이 좋다. 그리고 가슴 쪽으로 공을 당기면서 받는 것이 중요하다.

핵심 2 머리 위

많은 패스를 통해 경기가 이루어지며, 찰나의 순간을 놓치지 않기 위해 빠른 패스를 하다 보면 높은 코스로 가는 경우가 많다.

공이 머리 위로 날아온다고 한 손으로 캐치하려는 것은 매우 위험하며, 두 손으로 정확하게 준비를 하고 캐치하는 것이 중요하다. 점프를 해야만 하는 상황에서는 타이밍을 맞춰 점프하여 두 손으로 가슴 쪽으로 당기면서 캐치한다.

잘못된 캐치 자세

핵심 1	한 손으로 잡기

스타트하고 쉴 새 없이 진행되는 핸드볼 경기에서는 동료의 패스가 항상 가슴으로 정확하게 날아오는 것이 아니며, 이런 상황일수록 두 손을 벌려 캐치하려는 노력이 중요하다. 아주 사소한 캐치 실수일지 몰라도 하나의 실수가 바로 실점으로 연결되어 경기의 승패에 중요하게 작용할 수 있기 때문이다. 그리고 학교체육이나 스포츠클럽 활동 시에서 두손으로 안정적으로 잡는 습관을 들이는 것이 부상예방이나 경기력 향상을 위해서도 중요하다.

핵심 2	잘못된 손과 팔 모양

공이 날아오기 전 정확한 손과 팔의 자세로 캐치를 준비하는 것이 필요하다. 오른 쪽의 사진은 팔꿈치가 너무 벌어져 있으며, 손의 모양도 공을 잡기에 부정확한 자세이다. 그리고 양손을 위아래로 두는 것도 공을 정확하게 안정적으로 잡기에는 부정확한 자세이다.

19

19

57

33
조강연
7

18

대전유현
10

2. 오버핸드 패스

단계 1

머리위에서 패스하기

올바른 오버핸드 패스 자세

오버핸드 패스는 슈팅 자세와도 연결이 되는 가장 기본적인 패스방법이며, 가장 많이 사용하는 패스법이다. **위의 그림처럼 공을 잡으면 손가락을 넓게 벌려 잡고 공이 허벅지 옆을 지나가 원을 그리듯 스윙한다. 팔꿈치는 어깨보다 높이 위치에서 스윙하며, 팔꿈치의 각도는 90도 정도가 적당하다.** 스윙 동작은 물 흐르듯 부드럽게 스윙하는 것이 좋으며, 몸 전체의 힘을 이용하여 패스한다.

다리와 상체의 움직임은 공을 잡은 손이 백스윙을 시작하면 어깨와 다리는 옆으로 트는 자세를 취하며, 공을 들지 않은 반대 팔은 앞으로 뻗고 반대 다리도 앞으로 내딛어 준다. 이때의 무게 중심은 뒷발에 둔다. **스윙한 팔의 공이 어깨보다 높은 위치에 도달하면 체중을 앞발로 옮기면서 허리, 어깨, 팔꿈치, 손목으로 차례로 힘을 전달하여 스윙**한다. 이때 손목의 스냅이 정확하게 들어갔다면 공을 백스핀을 하며 앞으로 날아간다.

핵심 1	정면에서 보아요!

오버핸드 패스의 스윙은 부드럽게 하며, 팔꿈치가 어깨보다 높은 위치에서 던지도록 해야 한다. 그리고 허리-어깨-팔꿈치-손목의 순서로 스윙에 기여하도록 연습하여야 하며, 공을 던지고 난 후는 자연스럽게 스윙한 팔의 반대 방향으로(대각선 방향) 팔로우스로 해야 한다.

핵심 2	바르게 공 잡기

손바닥을 넓게 벌려 잡아 공이 빠지지 않도록 한다. 이때 엄지와 새끼 손가락이 일자가 되도록 잡는 것이 좋다. 손목의 스냅을 줄 때 가장 많이 쓰는 손가락은 검지와 중지이다.

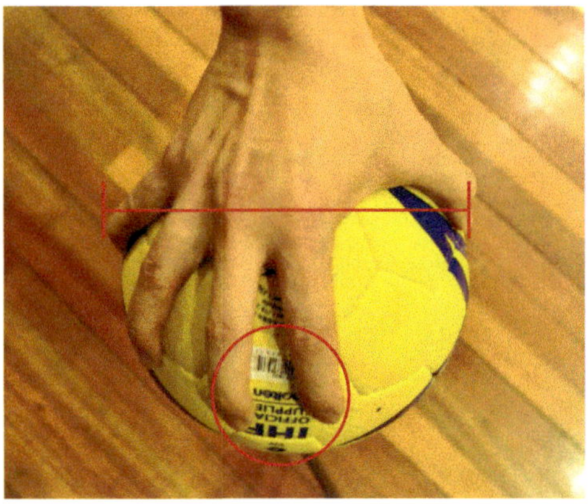

충남대
7

17
19

이리중학교
14

3. 바운드 패스

단계		2			

원 바운드로 패스하기

원 바운드 패스의 활용

원바운드 패스는 수비수가 패스 공간을 손을 들어 막고 있을 때 이용할 수 있는 유용한 패스 방법이다. **수비수의 팔이 미치지 못하는 공간을 이용한 패스 법**으로 수비수는 항상 공을 주시하고 있으며, 상황에 따라서는 가로채기를 하기위해 패스를 차단하려고 한다. 이때 정면으로는 패스 진로가 막혀있지만 바운드를 이용해 동료에게 공을 전달할 수 있는 패스 방법이다.

실제 핸드볼 경기에서도 많이 구사되며, 적절한 방법과 타이밍을 익힌다면 매우 유용한 패스 기술을 가졌다고 할 수 있다.

본 영상을 참고하세요

원 바운드 패스는 위의 사진처럼 동료의 직접적인 패스 경로가 차단되었을 때 공을 바운드 시켜 패스하는 방법이다. 공을 받는 선수의 가슴 높이까지 공이 튀어오를 수 있도록 적절한 지점에서 공을 바운드 시키는 것이 중요하다.

핵심 1	시선으로 따돌리기

하나의 좋은 패스는 바로 득점과 연결되며, 이때 수비수를 속이고 정확하게 공을 전달하기 위한 방법으로 다른 곳을 쳐다보며 패스하는 방법이 유용할 수 있다. 하지만 실제 경기에서 구사하기 위해서는 많은 연습과 동료들간의 호흡도 굉장히 중요하다.

4. 래터럴 패스

단계			3		

퀵 모션으로 옆으로 패스하기

1:1 페인트 자세에서 가고자 하는 방향의 반대발을 이용해 땅을 강하게 밀어준다.

왼쪽 다리를 강하게 땅을 차고 난 후 대각선으로 이동시켜 준다.

빠른 시간에 정확히 패스하기

핸드볼 경기에서 래터럴 패스는 수비수들을 앞에 두고 공격을 시도할 때 사용하는 패스이다. 경기 중 가장 빈번하게 사용하는 패스이다. 짧은 시간에 다양하게 변화하는 수비와 공격상황에서 팔을 스윙하는 오버핸드 패스는 순간적인 찬스를 놓치기 마련이다. 이때 짧은 시간에 정확하게 패스할 수 있는 래터럴 패스가 필요하다. 하지만 먼 거리로는 패스가 불가능하다.

왼쪽 발에 무게 중심이 이동한 상태에서 공을 들고 있는 손을 가슴 높이에서 옆으로 뻗어준다.

엄지와 검지를 이용해 던지고자 하는 방향으로 팔을 쭉 뻗어 밀어준다.

본 영상을 참고하세요

위은 그림처럼 공을 두 손으로 잡아 가슴 쪽에서 들고 있으며, **던지고자 하는 방향의 팔을 뻗어 공을 잡은 엄지와 검지손가락을 이용해 공을 밀어 던지는 것**이다. 왼손과 오른손 모두 래터럴 패스를 할 수 있다면 핸드볼 경기에서는 매우 유용한 패스 기술을 구사하는 것이다. 이때 시선을 던지고자 하는 방향의 쳐다보는 것보다는 앞을 보면서 수비의 상황을 살피는 것이 좋다.

래터럴 패스 연습하기

두 명이 짝을 이루어 같은 방향을 쳐다보고 페인트 스텝을 잡아 패스하고자 하는 방향의 손을 이용하여 래터럴 패스를 주고받는다. 패스 후 다시 뒷걸음으로 뒤로 뛰어가 앞으로 나오면서 패스 받고 페인트 스텝 잡고 래터럴 패스를 반복한다.

5. 공 다루기

단계			3		

핸드볼 경기에서 패스는 가장 기초적이면서도 가장 중요한 기본 기능이라고 할 수 있다. 아래의 방법들은 안정적인 패스와 캐치를 기본으로 할 수 있는 공 다루기 방법들이다. 단순히 공을 받고 던지는 것이 아니라 게임적인 요소를 가미시켜 좀 더 효율적인 연습이 될 수 있을 것이다.

패스 게임

가. 2대1 패스 게임

위의 그림처럼 2명은 공격자가 되고 1명은 수비자가 되어 수비자를 가운데 두고 공격자 2명이 공을 두고 받는 방법이다. 공격자는 두 발 가운데 한 발만 움직일 수 있으며 수비자는 두 발

을 모두 움직이며 패스를 차단한다. 공격자는 연속으로 패스를 15회 정도를 목표로 게임을 진행하면 되고, 목표가 달성되면 **수비자는 간단한 벌칙을 받는 연습 방법이다. 공격자는 수비자의 자세를 보고 머리 위, 옆구리, 다리 사이의 공간으로 패스**하는 것이 유리하다.

2대1 패스 게임을 조금 응용한다면, 6m 에리라인 안에서 공격자가 자유롭게 움직이며 패스를 주고받는 방법도 있다. 이때 중요한 것은 공을 가지고 있지 않은 공격자가 빈 공간으로 빠르게 이동하여 패스를 받는 것이다. 이것은 실제 경기에 도움이 되는 연습방법이다.

나. 많은 인원의 패스 게임

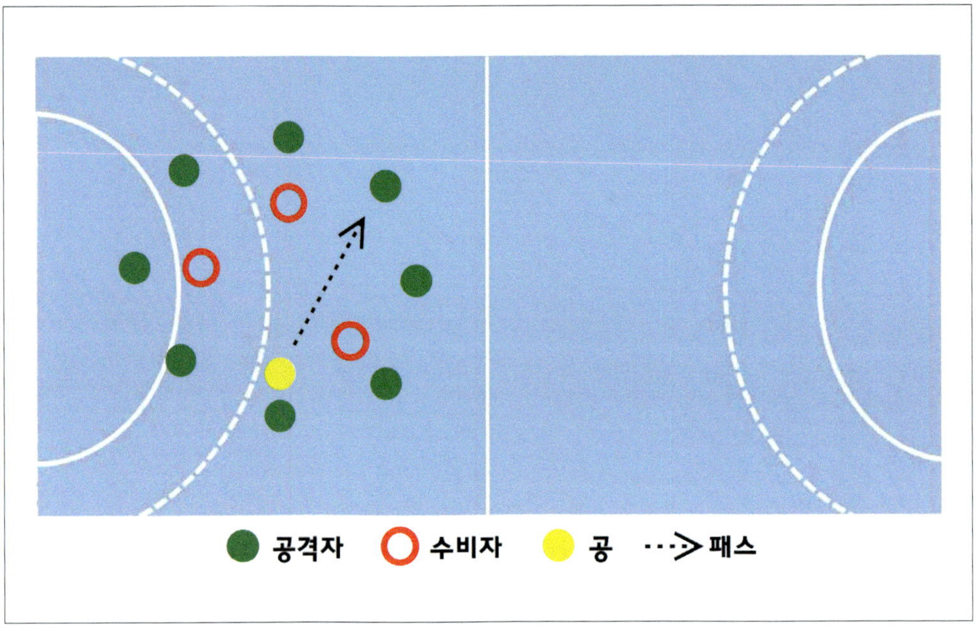

위의 그림처럼 좀 더 많이 인원이 패스게임을 할 수 있다. 공격자가 5명 정도면 2~3명의 수비수를, 공격자가 8명이면 3~4명의 수비수를 두어 패스 게임을 진행한다. 방법은 2대1 패스 게임과 동일하며, 중요한 것은 **공을 캐치함과 동시에 어떤 공격자가 수비수가 붙어 있지 않은지를 확인하여 빠르게 패스**하는 것이 포인트라고 할 수 있다. 수비자는 공을 가진 공격자의 패스 모션에서 다음 패스를 예측하고 가로채기를 시도하여 패스를 차단할 수 있다.

이것을 좀 더 응용하면, 공을 든 공격자를 수비자가 몸을 터치하면 터치된 공격자가 수비자가 되어 다시 플레이하는 규칙을 적용하면 된다. 이 규칙이 적용되면 좀 더 빠른 패스와 정확한 캐치, 의사결정 능력이 요구되기 때문에 공격자와 수비자의 빈번한 교체가 생겨 게임의 효과가 더욱 커질 것이다.

터치 게임

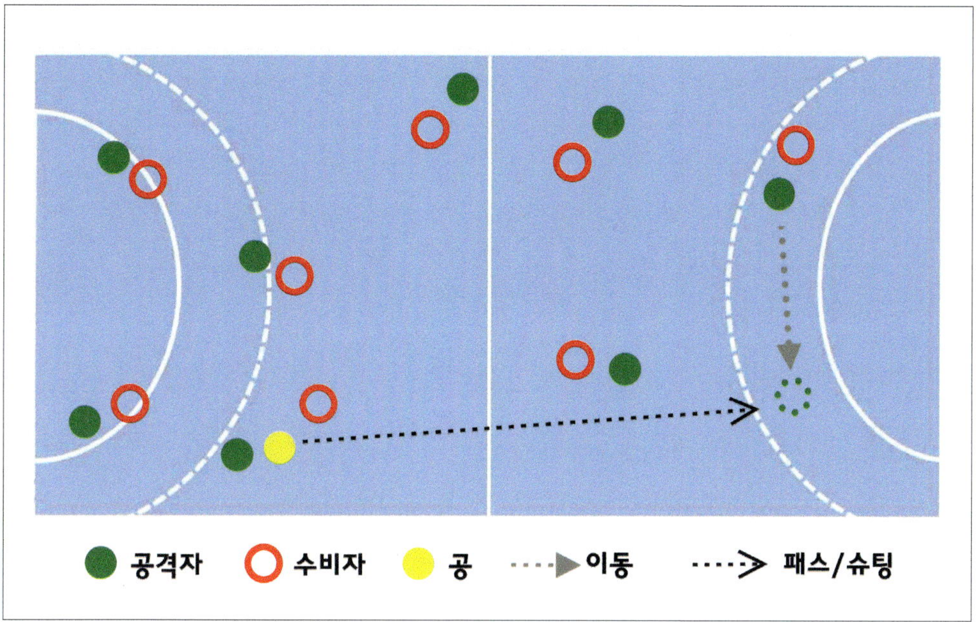

터치 게임도 패스 게임의 일종이라고 할 수 있다. 하지만 이것을 럭비의 터치다운을 응용한 패스 게임이다.

공격 팀은 공을 9m 에어라인 안에서 패스를 받아 공을 땅에 터치하면 1점을 올라간다. 이때 공을 가진 공격자는 공을 자기고 드리블이나 뛸 수 없으며, 패스를 통해서만 이동해야 한다. 그러므로 공을 가지고 있지 않은 동료의 움직임이 중요하다. 수비자는 공을 가로채거나 공을 가진 공격자를 손으로 몸을 터치하면 공격권을 가져갈 수 있다. 공격권을 넘기지 않기 위해서는 빈 공간을 찾아 움직여야 하며, 공을 받았을 때 수비의 방해가 없는 동료를 찾아 빠르게 패스해야 한다. 이러한 공 다루기 게임은 정확한 패스와 캐치는 물론 동료들의 위치를 빠르게 파악할 수 있는 넓은 시야를 가질 수 있는 연습 방법이다.

Chapter 05

드리블과 페인팅

1:1에서 이기는 방법

1. 드리블의 기본

단계 1

효과적으로 드리블을 하기

올바른 드리블 자세

핸드볼 경기에서 드리블은 패스 받을 팀원들이 없거나, 공을 가지고 상대 진영으로 전진함으로써 좀 더 좋은 찬스를 만들 수 있다고 판단되어질 때 필요한 기능이다. 드리블은 공을 이동시키는 기능으로서 농구경기처럼 많은 드리블을 해서는 안 되며, 꼭 필요한 상황에서 적절하게 사용하는 것이 중요하다.

제자리에 서서 드리블을 하는 경우는 거의 없으며, 보통 달려야 하는 상황에서 빠르게 이동하는 것을 목적으로 한다. 그러므로 드리블의 올바른 자세는 위의 왼쪽 사진과 같이 몸이 너무 서있거나 너무 자세를 낮추어도 안 된다. 위의 오른쪽 그림과 같이 너무 높지도 낮지도 않은 자세에서 **빠르게 달리거나 방향을 전환할 수 있는 자세**가 필요하다.

손을 감아 공을 드리블하며, 시선은 아래

공의 윗부분만 닿아 있으며 시선을 정면

본 영상을 참고하세요

공의 윗부분을 손가락 전체가 닿아 누르면서 팔꿈치를 펴주고 손목의 스냅을 이용해 공을 바닥으로 튕기는 것이 중요하다. 공이 다시 튀어 오르면 팔꿈치를 구부리면서 손바닥이 공의 윗부분에 닿게 한다. 이때 드리블을 하는 선수의 시선은 수비수와 공격수의 위치를 확인하기 위해 앞으로 들어야 한다. **이것은 팀 동료의 위치를 파악해 패스 또는 어시스트를 할 수 있으며, 수비수의 위치를 파악해 드리블의 진로를 결정할 수 있기 때문이다.**

나. 드리블 연습

핸드볼의 드리블에서 가장 중요한 것을 반드시 **공의 윗부분만을 터치하여 공을 드리블해**야 한다는 것이다. 농구처럼 손바닥으로 공을 감으면서 드리블을 한다면 명백한 규칙 위반임을 명심해야 한다.

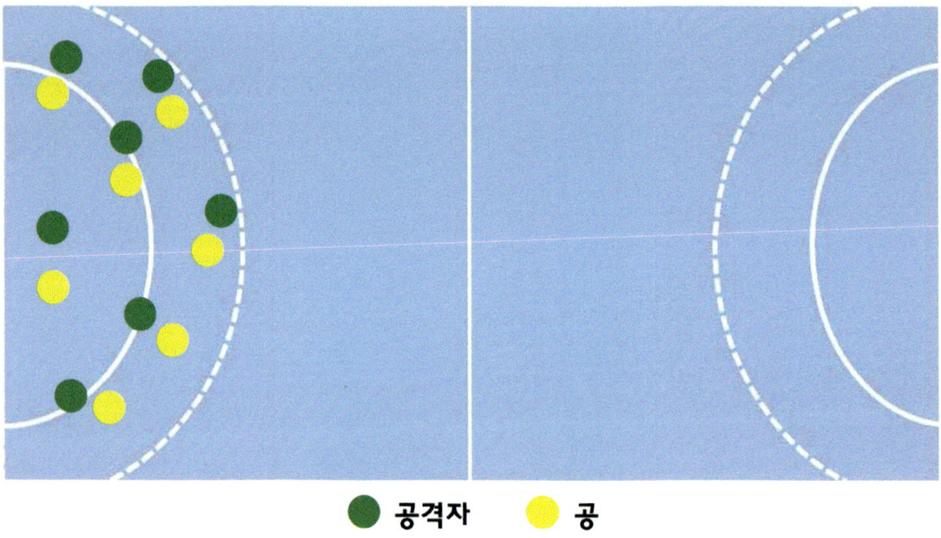

위의 연습 방법은 드리블을 익히는데 매우 유익한 방법으로 자신의 공을 지키면서 다른 사람의 공을 빼앗는 게임을 하며 드리블을 익히는 방법이다. 또한 한 번 드리블을 시작하면 다시 잡을 수 없다는 규칙이 적용된다.

1. 선수 모두가 한 개씩 공을 가지고 9m라인 안에 들어온다(드리블 가능 지역은 임의로 설정).
2. 휘슬이 울리면 모두 드리블을 시작하고, 드리블을 하며 상대방에게 접근하여 드리블을 하지 않는 손으로 다른 선수의 공을 뺏거나 쳐내 9m라인 밖으로 보낸다.
3. 드리블을 하다 잡으면 아웃으로 판정한다.
4. 사람이 많으면 5~8명으로 팀을 이루어 팀 경기로도 할 수 있다.
5. 중요한 것은 **드리블을 하며 시선은 다른 선수들을 보고 드리블의 진로 방향을 결정하고 공을 지켜야 한다는 것**이다.

2. 페인트

단계			3		

상대 수비수 속여 공격하기

본 영상을 참고하세요

핸드볼 경기에서는 팀원으로부터 공을 받아 공격을 시작하는 가장 기본적인 방법이 페인트를 통해 1:1 공격을 시도하는 것이다. **1:1 페인트는 공격자가 스스로 공간을 만들어 슈팅을 하거나 수비를 끌어 동료에게 패스하는 가장 기본적인 공격**이라고 할 수 있다.

페인트는 움직임의 방향(왼쪽, 오른쪽)이나 속도, 유형 등에 변화를 두어 수비수로 하여금 예측할 수 없게 하는 것이 중요하다. 축구에서 브라질 선수들은 수비수 1~2명을 제치는 것을 아주 쉽게 볼 수 있다. 이러한 개인기를 바탕으로 공격의 실마리를 풀거나 바로 득점으로도 이어질 수 있는 것이다. 이렇게 수비수와의 1:1에 자신이 있다면 좀 더 여유롭게 경기를 풀어갈 수 있으며, 핸드볼 경기에서도 1:1 페인트가 강한 선수가 팀의 주득점원으로 활약하는 경우가 많다.

3. 스텝 페인트

단계 3

1:1 돌파의 기본

왼발로 디딤　　오른발로 디딤 점프하여 공중에서 발 모음　　발 벌려 착지

공격수는 앞으로 달려 들어가면서 팀 동료로부터 패스를 받고, 스텝을 잡으면서 바닥에 착지한다. 이때 스텝은 위의 3번 그림처럼 양발을 어깨보다 조금 넓게 벌리고 무릎을 약간 구부린 자세이다. 이러한 자세는 상대방으로 하여금 방향을 예측할 수 없게 하여 수비수를 쉽게 속일 수 있다. 수비를 속인다는 것은 4번 그림처럼 발을 대각선으로 이동시켜 바로 슈팅이나 돌파를 할 수 있는 공간을 만들어 공격을 이끌 수 있다는 것이다. 위의 **그림 3처럼 가고자 하는 방향의 반대 발을 강하게 밀어 빠르게 움직이는 것이 페인트의 가장 중요한 요소**라고 할 수 있다.

혼자서 페인트 스텝 연습하기

왼발로 디딤 / 오른발로 디딤과 동시에 점프

공중에서 발 모음 / 어깨보다 조금 넓은 폭으로 발 벌려 착지

스텝을 잡기 전 마지막 발을 왼발과 오른발로 번갈아가며 30~50회 정도를 연습한다. 양발이 동시에 바닥에 착지시키며, 시선을 정면을 바라본다.

둘이서 페인트 스텝 연습하기

본 영상을 참고하세요

위의 사진처럼 2명이 마주보고 한사람은 수비, 한사람은 공격을 담당하여 페인트 스텝을 잡고 연습을 한다. 양발이 동시에 바닥에 착지하여 스텝을 잡는 것이 수비수로 하여금 어느 방향으로 공격을 하는지를 예측할 수 없게 하는 것이 중요하다.

4. 인 페인트

단계			3		

인사이드로 공격하기

달려 들어가 정확하게 페인트 스텝을 잡는다.　　왼발로 강하게 땅을 밀어준다.

왼발로 점프하여 높이 올라간다.

페인트 스텝을 이용한 인사이드 공격은 가장 중요한 공격방법의 하나라고 할 수 있다. 페인트 스텝을 활용한 돌파 후 수비수를 제쳤다면 바로 슈팅으로 연길시킬 수 있으며, 옆 수비수의 협력이 오면 다른 동료에게 패스하여 다른 찬스를 만들 수 있기 때문이다.

위의 사진처럼 공격자가 레프트 백이라면 왼발에 모든 힘을 주어 바닥을 밀어주고 왼발을 대각선 방향으로 이동시켜 슈팅이나 패스를 연결하면 된다. 여기서 중요한 것은 수비수와의 적절한 거리를 두고 페인트 스텝을 구사하는 것이 중요하다. 너무 멀면 상대를 속이기 어렵고, 너무 가까우면 홀딩 파울을 당할 수 있기 때문이다. 적절한 거리는 수비수와 공격자자 서로 팔을 펴 내밀었을 때 손끝이 닿는 정도의 거리이다.

핵심 1	공격자와 수비자간의 거리

수비자와 공격자간의 거리는 너무 멀지도 가깝지도 않은 1m 정도를 유지하여 수비를 하는 것이 좋다.
두 사람이 마주보고 손을 뻗어서 손가락이 맞닿는 정도의 위치를 선정하는 것이 바람직하다. 공격자와 수비자의 거리는 1m 정도를 유지하지만, 상황에 따라 더 가깝거나 멀리 위치할 수 있다.

핵심 2	몸을 흔들어 속이기

페인트 스텝은 상대 수비수를 속이기 위한 동작으로 빠르고 정확한 다리의 동작이 필요하며, 여기에 상체를 조금 흔드는 속임 동작이 추가되면 더욱 효과적이다.
페인팅 동작은 너무 빠르거나 느리면 효과가 떨어지므로 페인팅 동작과 실제동작간의 시간차는 80~100ms 정도가 적당하다.

본 영상을 참고하세요

5. 아웃 페인트

단계			3		

아웃사이드로 공격하기

공을 잡고 점프 후 페인트 스텝을 잡는다.

오른발을 강하게 밀어준다.

오른발을 대각선으로 빠르게 이동시킨다.

본 영상을 참고하세요

공격자의 아웃사이드 공격은 페인트 스텝을 통해 바깥쪽으로 돌파를 하기 위한 공격법이다. 보통 오른손으로 슈팅을 하는 선수는 왼발로 점프슈팅을 해야 강력한 슈팅을 할 수 있다. 하지만 아웃사이드 공격은 왼발이 아닌 오른발로 점프를 하기 때문에 중거리슈팅보다는 6m라인 안쪽으로 들어가는 드라이브인 슈팅을 구사해야 한다.

위의 그림과 같이 오른발에 모든 힘을 주어 바닥을 밀고 오른발을 대각선 방향으로 이동시키고 슈팅이나 패스를 한다. 보통 이때는 점프 후 공중에서 몸의 방향을 틀어주는 것이 필요하다.

핵심 1	2중 점프

아웃사이드 공격을 통해 바로 슈팅으로 연결하기 위해서는 점프 후 몸의 방향을 틀어주는 동작이 필요하다. 슈팅을 할 때는 보통 슈팅하는 팔의 반대편 어깨가 앞으로 나와야 하지만 아웃사이드 공격에서는 슈팅하는 팔 쪽의 어깨가 앞으로 나와 있어 점프 후 몸을 틀어주는 동작이 있어야 정상적인 슈팅으로 이어질 수 있다. 2중 점프를 통한 공격은 어려운 공격동작이므로 연습 시에 동작을 구분하여 연습하는 것이 좋다. 우선 공없이 동작을 구분하여 연습하고 점차적으로 동작을 연결하여 연습하도록 한다. 특히 이중 점프가 일어나는 ④번과 ⑤번 동작은 점프 동작만 따로 연습하는 것도 좋다.

달려 들어가 공을 잡는다.

달려 들어가 공을 잡는다.

오른 발을 강하게 밀어 대각선으로 움직이고 바로 점프를 한다.

공중에서 어깨를 틀어 왼쪽 어깨가 앞으로 올 수 있게 바꾸어 슈팅을 시도한다.

핵심 2	스윙 페인트

스윙 페인트는 슈팅하는 팔로 공을 들고 스윙하면서 수비수를 제치는 것으로 수비자와의 거리가 근접되어 있을 때 유용한 공격법이다. 이때 바로 슈팅하기 위해서는 2중 점프 슈팅을 할 수 있어야 한다.

도움닫기하기 어려운 상황에서 2중 점프 슈팅으로 연결할 때 성공확률을 높이기 위해서 골라인에서 너무 먼 거리보다 6m라인 근처에서 스윙 페인트 후 2중 점프 슈팅으로 연결하는 것이 좋다.

페인트 스텝을 잡음.

오른 발을 강하게 밀어 대각선으로 움직이고 공을 들고 있는 오른 팔을 이용해 스윙을 하듯 페인트를 하여 수비수를 제친다.

수비수를 제쳤다면 바로 2중 점프를 이용해 슈팅하거나 도움 수비가 왔다면 윙 플레이어에게 패스한다.

6. 턴 페인트

단계				4	

수비수 근처에서 턴으로 따돌리기

본 영상을 참고하세요

보통 피봇 플레이어가 구사하는 페인트로 수비수를 등지고 있는 상황에서 공을 받은 후 공격하고자 하는 방향을 반대발로 바닥을 밀어준다. 이때 상체를 흔드는 동작까지 같이 이루어지면 더욱 효과적으로 구사할 수 있다.

위의 사진처럼 왼쪽으로 공격하기 위해 오른발을 한 스텝 옮기면서 상체도 이동시켰다가, 오른발로 바닥을 밀어주면서 왼쪽으로 돌파하는 방법이다.

Chapter 06

슈팅

적중률이 높은 슈팅하기

1. 스텝 슈팅
2. 점프 슈팅
3. 로빙 슈팅
4. 포지션별 슈팅
5. 속공 상황에서의 슈팅
6. 스카이 슈팅
7. 7m 드로우

1. 스텝 슈팅

단계			3		

공을 잡아 빠르게 슈팅하기

스텝을 잡고 빈 공간 찾기 후 오른쪽 위 부분 수비수 머리와 팔 사이의 공간으로 슈팅

본 영상을 참고하세요

스텝 슈팅은 주로 백 플레이어들이 하는 슈팅으로 점프하지 않고 **수비수가 팔을 내리고 있어 공간이 생겼거나 수비수간의 사이가 넓어졌을 때 빠르게 스텝을 밟아 슈팅하는 공격법**이다. 공격자는 슈팅을 할 때 시야를 넓혀 수비수들의 빈 공간이 어디인지 또는 피봇 플레이어의 찬스가 생겼는지를 확인하며 슈팅하는 것이 좋다. 위의 그림과 같이 오른 발이 지면에 닿을 때 공을 잡고 왼발을 내딛으면서 슈팅을 하는 것이 중요하다. 슈팅하는 팔의 스윙을 빠르게 하는 것이 유리하며, 또한 기술적인 숙련도가 쌓였다면 이와 같은 상화에서 러닝 스텝 슈팅을 구사하는 것도 좋은 공격법이라고 할 수 있다.

핵심 1 **수비자의 빈 공간**

스텝을 정확히 밟고 체중을 앞발로 이동시켜 수비자가 손을 들고 있다면 옆구리, 손을 내리고 있다면 머리와 팔 사이의 공간으로 슈팅을 하는 것이 유용하다.

핵심 2 러닝 스텝 슈팅

러닝 스텝 슈팅은 찰나의 순간 수비수들 간의 공간이 생겼을 때 기습적으로 슈팅하는 것을 목적으로 하며, 그대로 **달리는 폼을 무너뜨리지 않고 팔꿈치와 손목의 스냅을 사용**하여 슈팅하는 것이다.

공격 진영으로 달려 들어간다. 왼발을 내딛는다. 오른발을 내딛는다.

오른발을 내딛으며 공을 든 팔을 들어 빠르게 스윙하여 슈팅한다.

핵심 3 슈팅 페인트 후 패스하기

슈팅 페인트는 슈팅 모션으로 수비수들을 모아 놓고 패스하는 것으로 주로 피봇과 2:2 플레이에 유용한 방법이다. 중요한 것은 실제 슈팅과 같은 모션으로 빠르고 정확하게 패스를 해야 한다.

스텝 슈팅 모션을 잡는다. 정말 스윙하듯이 공격 자세를 취한다.

스윙하지만 공은 슈팅하지 않는다. 왼발을 강하게 밀어 반대편으로 움직인다.

2. 점프 슈팅

단계		2			

최고 높은 지점에서 슈팅하기

정확한 폼으로 슈팅하기

점프 슈팅은 핸드볼 경기에서 가장 많이 나오는 슈팅 방법으로 정확한 자세를 익혀야 다양한 상황에 맞게 응용하여 슈팅할 수 있다. 점프 슈팅은 한 발로 점프하여 공중으로 올라가 최고 높은 위치에서 슈팅하는 것이 중요하다.

위의 그림처럼 **공을 받기 전 스피드를 살려 도움닫기를 하고 공을 받은 후 슈팅하는 팔의 반대 쪽 발로 점프**한다. 점프와 동시에 슈팅하지 않는 반대 팔을 앞으로 뻗어주고 공을 잡은 팔은 뒤로 백스윙을 한다.

그리고 **점프 후 최고 높은 지점에서 스윙하여 슈팅하는 것이 중요하다. 슈팅은 허리에서 어깨, 팔꿈치, 손목 스냅으로 힘이 이동하여 공을 던져야 강력한 슈팅을 할 수 있다.**

핵심 1 **손목 스냅 주기**

공에 마지막 힘을 전달하는 스냅은 매우 중요한 과정이다. 사진과 같이 검지와 중지에 중점적으로 힘을 주어야 한다.
손목스냅을 활용하기 위해서는 손목에 너무 많은 힘을 주지 않도록 주의하여, 어깨, 팔꿈치, 손목 관절을 활용할 수 있도록 한다.

핵심 2 **수비수나 골키퍼를 보고 점프 슈팅하기**

슈팅하기 위해 점프하였으나 수비수들의 블록이 너무 높거나, 골키퍼와 1:1 찬스에서 성공률을 높이기 위해서 백스윙 후 바로 슈팅하는 것이 아니라 공중에서 한 박자 멈춘 후 슈팅하는 것도 매우 유용한 기술이다.

공격자는 달려 들어가 점프하므로 제자리에서 점프하는 수비수보다 높은 체공력을 이용할 수 있다. 수비수를 보고 슈팅하기가 중요한 중소이다.

점프 후 골키퍼 위치 파악

앞으로 나온 것을 확인

강한 슈팅보다 키를 넘기는 슈팅

3. 로빙 슈팅

단계				4	

골키퍼의 머리 위로 넘기기

로빙 슈팅으로 적중률 높이기

본 영상을 참고하세요

점프 슈팅은 핸드볼 경기에서 가장 많이 나오는 슈팅 방법으로 정확한 자세를 익혀야 다양항상 강한 슈팅이 득점으로 연결되는 것은 아니다. 핸드볼 경기에서는 슈팅의 강약을 잘 조절해야 슈팅의 적중률을 높일 수 있다. 골키퍼는 공격자와 1:1 상황에서 슈팅을 막아 내는 방법의 하나로 슈팅 방어 시 앞으로 튀어 나와 슈팅 각도를 줄여 방어율을 높일 수 있다. 실제 경기에서는 매우 빈번하게 일어나는 방어 상황이며, 정확한 로빙 슈팅을 구사할 수 있다면 매우 높은 슈팅 적중률을 보일 수 있다.

공격자는 점프 후 골키퍼의 움직임을 확인하고 골키퍼가 많이 나와 있다면 슈팅하려고 백스윙한 팔로 공을 가볍게 머리 위로 넘기면 된다. 실제 슈팅과 거의 유사하게 스윙하여 공을 넘기면 좋지만, 매우 높은 기술 수준이 요구되므로 정확하게 위로 밀어 올려 공이 포물선을 그리도록 던지는 것이 좋다.

4. 포지션별 슈팅

단계			3		

가. 윙 슈팅 : 사이드 포지션

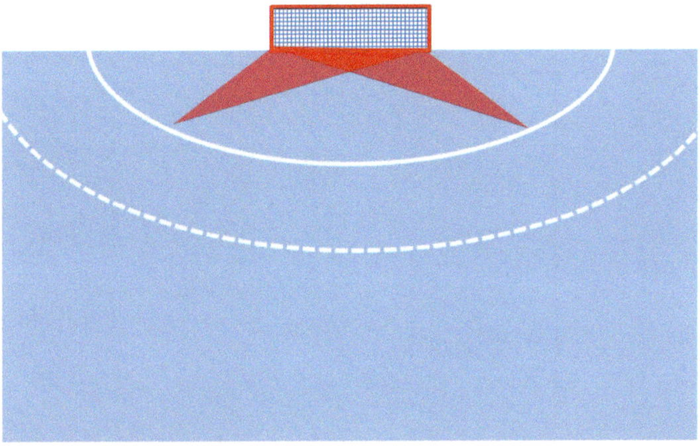

① 공이 오는 것을 확인
② 앞으로 달려가며 캐치
③ 오른발을 앞으로 내딛으며 캐치
④⑤ 왼발을 내딛으며 점프
⑥ 공중에서 골키퍼 자세 파악

윙 슈팅 적중률 높이기

윙 포지션은 그림과 같이 양쪽의 사이드에서 슈팅하는 것을 말한다. 빨간색 부분과 같이 **슈팅 각도가 워낙 작기 때문에 점프를 안쪽으로 날아 들어와 하는 것이 중요**하며, 몸을 뉘여 슈팅 후 다이빙을 하는 것이 보통이다. 또 주의할 점은 6m 라인 바로 앞에서 슈팅하게 때문에 라인 크로스 반칙을 조심해야 하며, 대개 골키퍼와 1:1 상황이기 때문에 슈팅의 강도보다는 슈팅의 정확성과 다른 곳을 보면서 슈팅을 하는 것과 같은 페인트 동작이 중요하다.

본 영상을 참고하세요

윙 슈팅은 보통 백 플레이어에게 패스를 받아 슈팅으로 들어가는 경우가 많다. 이에 윙 포지션의 선수는 슈팅하는 쪽 발이 앞으로 나갈 때 공을 받고 반대 발로 점프하는 연습이 지속적으로 필요하며, 이때 점프를 안쪽으로 하여 좀 더 각도를 넓혀 슈팅하는 것이 슈팅의 적중률을 높일 수 있는 방법이다.

핵심 1 어디로 슈팅해야 하나?

윙 포지션에서의 슈팅은 각도가 작기 때문에 슈팅의 세기보다는 골키퍼의 빈 공간을 노려 정확하게 슈팅하는 것이 중요하다.

그림과 같이 골키퍼와 앞으로 나와 방어 자세를 취하면 가볍게 키를 넘기는 로빙 슈팅이 매우 유용할 수 있다.

핵심 2	라인 크로스
	핸드볼 경기에서 라인 크로스는 윙이나 피봇 포지션에게 자주 일어나는 반칙이다. 아까운 찬스를 놓치는 경우가 많아 반드시 유의해야 한다. 윙 포지션에서는 점프하는 발을 그림과 같이 놓는 게 좋다.

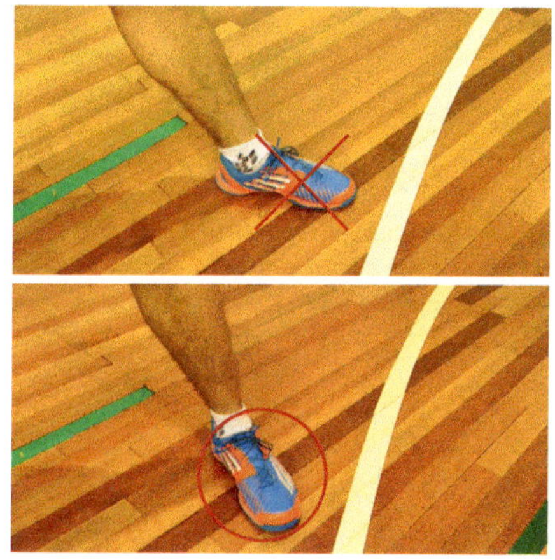

나. 피봇 슈팅 : 인사이드 포지션

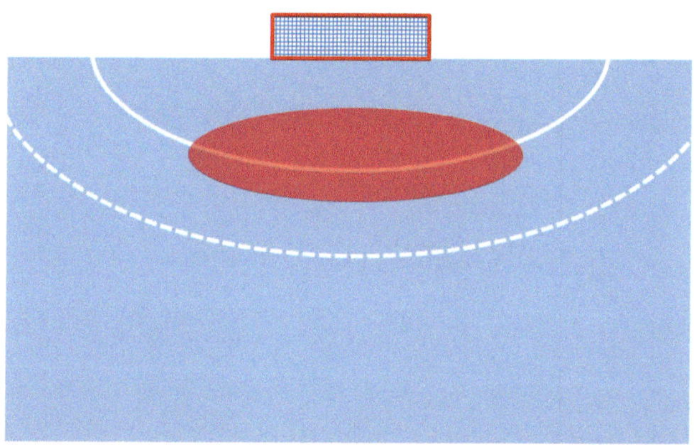

공을 잡고 왼쪽으로 페인트 모션 오른쪽으로 회전

왼발을 수비 바깥쪽으로 이동시킴 어깨를 앞으로 집어넣고 빠르게 슈팅

피봇 플레이어는 수비 진영의 안쪽에서 빈 공간을 찾아다니거나 스크린플레이 등을 통해 찬스를 만들고 공격을 이끄는 포지션이다. 위의 그림과 같이 항상 수비수 앞에 위치하여 공을 받기 유리한 자리를 선점해야 하며, 항상 손을 들고 다녀야 한다.

피봇 슈팅 찬스 만들기

피봇은 센터백 수비수를 스크린 센터백은 스크린 걸린 쪽으로 움직임

피봇 수비수가 앞으로 나와 생긴 빈 공간으로 움직여 패스 받아 슈팅

위의 그림은 백 플레이어의 수비수에 스크린을 걸고 스위치 수비를 유도한 후 빈 공간으로 빠져 공을 받아 슈팅하는 가장 기본적인 피봇 공격법이다. 피봇의 슈팅 찬스는 골키퍼와 1:1 상황이므로 반드시 슈팅을 성공시키는 것이 중요하다.

피봇 포지션은 수비수들과의 몸싸움 강도가 높아 높은 집중력을 발휘해야 한다. 순간적인 찬스를 위한 항상 손을 들고 있어야 하며, 자세를 낮춰 몸의 균형을 항상 유지하고 있어야 한다.

다. 백 슈팅 : 백 플레이어 포지션

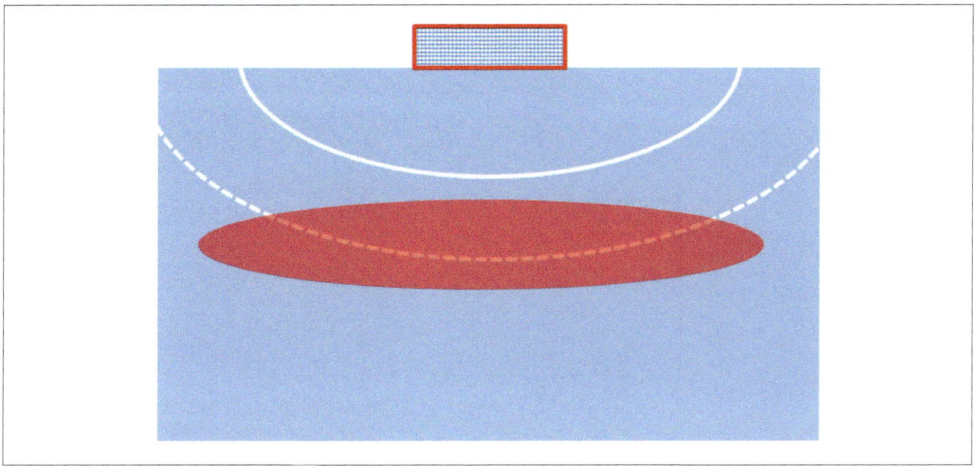

백 플레이어는 가장 기술이 뛰어나고 공격력이 좋은 선수로 구성해야 한다. 백 플레이어가 갖추어야 하는 공격 기술로는 **1:1 돌파 능력, 중거리 슈팅 능력, 패스 능력** 등 다양한 공격 기술을 가지고 있어야 한다. 위의 그림과 같이 빨간색 부분으로 표시되어 있는 부분에서 백 플레이어들의 슈팅이 가장 빈번히 일어난다.

1:1 돌파를 통한 근거리 슈팅

1:1 돌파는 백 플레이어의 가장 기본이 되는 기술이다. 이때 사용되는 것이 페인트 스텝인데 이것을 통해 수비수들을 모아 패스하면 다른 동료들의 찬스를 만들 수 있다. 1:1 돌파가 성공하면 가까운 거리에서 슈팅할 수 있어 좀 더 적중률을 높일 수 있다.

수비수를 끌어내는 중거리 슈팅

위의 사진과 같이 페인트 스텝 후 중거리 슈팅 시에는 9m 라인 근처에서 슈팅을 하는 것이 일반적이다. 중거리 슈팅의 성공은 수비수들을 앞으로 끌고 나오는 효과가 있어 인사이드 쪽에 위치한 피봇의 찬스를 더욱 많이 만들 수 있다. 중거리 슈팅 시에는 거리가 멀기 때문에 정확하고 강하게 슈팅해야하며, 슈팅 상황에서도 수비수들의 블록을 보면서 슈팅하는 것이 적중률을 높일 수 있는 방법이다.

중거리 슈팅은 수비수와의 불필요한 몸싸움을 피할 수 있고 팀의 사기를 높이는데 아주 유용하다고 할 수 있다. 하지만 1:1 돌파를 통한 근거리 슈팅을 하지 않고 중거리 슈팅만을 남발한다면 경기에 패할 확률이 높다고 할 수 있다. 이유는 멀리서 시도하는 슈팅이라 성공률이 근거리 슈팅보다 낮으며, 안쪽의 피봇 등을 수비하지 않고 많은 수비수들이 중거리 슈팅을 방어하기 위해 블록을 할 수 있기 때문이다. 따라서 중거리 슈팅과 근거리 슈팅의 적절한 배합이 필요하다.

5. 속공 상황에서의 슈팅

단계		2			

달려서 패스 받고 드리블에서 슈팅까지

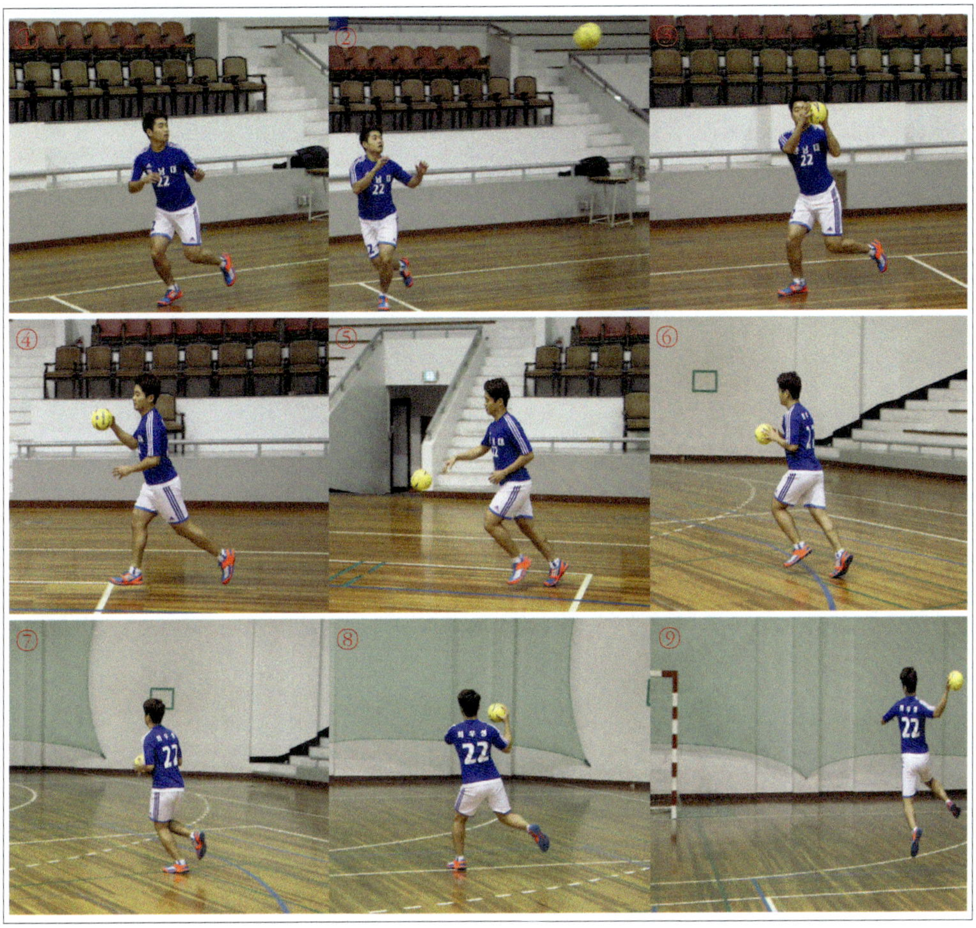

핸드볼 경기에서 속공 상황은 수도 없이 반복 된다. 이러한 상황을 유용하게 득점으로 연결 시킨 다면 승리할 수 있는 확률을 높일 수 있을 것이다.

위의 사진처럼 상대방의 공격이 실패로 끝나는 동시에 **윙 플레이어는 공격 진영으로 달리고, 공을 갖고 있는 선수는 윙에게 패스**를 한다. 그리고 공을 받은 윙은 드리블해 상대 진영까지 가서 골키퍼와 1:1 상황에서 슈팅을 한다. 이러한 속공 전술은 손쉽게 득점 할 수 있는 방법으로 득점에 성공하면 분위기를 반전 시킬 수 있는 전략이다.

수비수가 따라올 때 달리는 방법

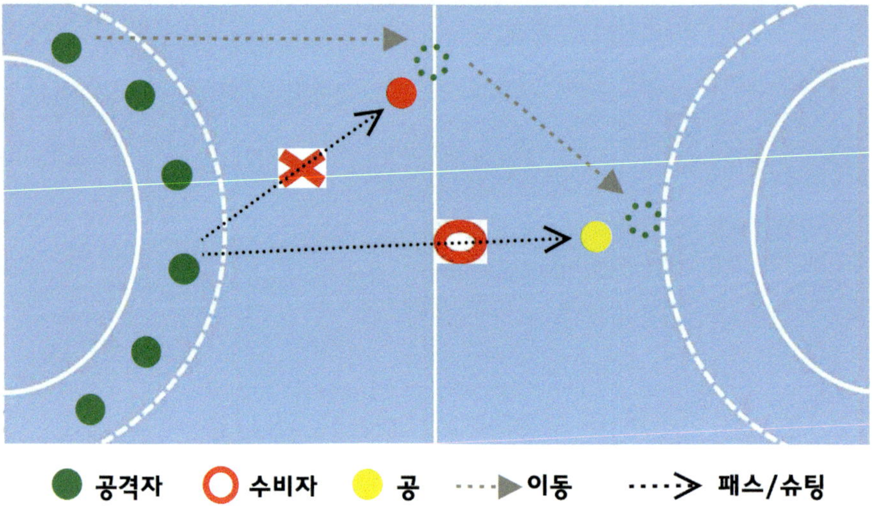

속공에 가담하였을 때 상대편의 포지션 상 뒤쪽에 위치한 백 플레이어가 수비를 할 수 도 있으며, 이때 공격자는 직선으로 뛰는 것 보다는 인사이드 쪽으로 진로를 바꿔 뛰는 것이 속공을 성공시킬 수 있는 유용한 방법이다. 그리고 수비수를 따돌리기 위해서는 수비수의 앞 쪽으로 이동하는 것보다 뒤 쪽으로 움직여 수비자의 시선 밖에서 움직이는 것이 필요하다. 이러한 속공은 결정적인 찬스와 바로 이어지므로 한 두 번의 찬스를 반드시 살리는 것이 필요하다.

6. 스카이 슈팅

단계				4	

공중에서 패스 받아 슈팅하기

스카이 슈팅의 적중률

본 영상을 참고하세요

스카이 슈팅은 하나의 공격 전술이라고 할 수 있다. 슈팅 각도가 작아 성공 확률이 낮은 윙 쪽에서의 플레이어가 슈팅하기 위해 점프한 후 백 플레이어가 중앙에서 뛰어 들어와 6m 에어리어 안쪽에 패스를 받아 슈팅하는 전술이다. 이때 골키퍼는 윙 쪽으로 움직였다 다시 중앙으로 움직여야 함으로 방어율이 낮을 수 있다. 하지만 **스카이 슈팅이 철저히 약속된 플레이로 정확한 패스와 타이밍이 중요**하다.

7. 7m 드로우

단계			3		

7m의 찬스

7m 드로우의 적중률

본 영상을 참고하세요

핸드볼 경기에서 페널티 드로우는 빈번하게 일어나며, 적중률을 높이는 것은 경기의 승패를 결정짓는 중요한 요소라고 할 수 있다. 페널티 드로우란 골키퍼와 1:1 슈팅 찬스에서 수비수의 반칙 등으로 얻는 경기 규칙으로 아무런 방해를 받지 않고 골키퍼와 1:1로 슈팅을 할 수 있는 기회이다. 이러 페널티 드로우의 적중률을 높이기 위해서는 먼저 **슈팅하기 전 골키퍼의 움직임을 확인하고 빈 공간으로 슈팅**하는 것이 필요하다.

핵심 1

골키퍼가 나와서 방어하면

골키퍼가 슈터의 슈팅 각도를 줄이기 위해 앞으로 나와 방어 자세를 취할 수도 있다. 이때는 골 포스터의 구석보다는 **골키퍼의 몸 근처의 빈 공간**으로 슈팅을 하는 것이 성공률을 높일 수 있다.

핵심 2

골키퍼가 뒤에서 방어하면

골키퍼가 골라인에 붙어 방어 자세를 취하다면 **골 포스터의 구석을 노려 슈팅**하는 것이 성공률을 높일 수 있다.

핵심 3

성공률 높이기

페널티 드로우의 성공률을 높이기 위해 슈터는 슈팅 페이크 모션을 이용하여 골키퍼의 움직임을 보고 슈팅하는 것도 좋은 기술이라고 할 수 있다. 1~2회 정도 슈팅 페이크 모션으로 골키퍼를 움직이게 하여 슈팅하는 방법이다.

● 패널티 드로우

Chapter 07

수비

상대공격 차단하기

1. 올바른 방어 자세

단계		2			

허리를 낮추고 양팔을 들고 준비

올바른 수비 자세에 대한 설명

방어의 기본은 1인의 공격자는 1인의 수비자가 책임을 지고 끝까지 지키는 것이다. 여기서 지킨다는 것은 공격자의 1:1 공격에 대한 방어, 공격자의 슈팅 등을 이야기 하는 것이며, 슈팅 찬스를 주지 않고 사전에 방어하는 것이 중요하다. 좋은 방어 뒤에 좋은 공격이 따라 온다고 할 수 있다. **수비의 가장 기본적인 자세는 위의 그림과 같이 허리를 낮추고 양발을 벌려 좌우 또는 앞뒤로 빠르게 움직일 수 있는 자세여야 하며, 양팔은 펴고 있어야 한다.** 상체(팔)가 아닌 스텝(사이드, 크로스)을 활용하여 공격자의 진로 및 공격을 방어해야 한다.

핵심 1	수비자와 공격자간의 거리

수비자와 공격자간의 거리는 너무 멀지도 가깝지도 않은 1m 정도를 유지하여 수비를 하는 것이 좋다.
간격이 넓으면 공격자에게 슈팅 기회를 줄 수 있으며, 가까우면 공격자의 동작에 민첩하게 반응하기 어렵다.

핵심 2	수비자의 잘못된 자세

엉덩이를 뒤로 빼고 양팔을 앞으로 뻗은 자세는 피해야 한다. 이러한 자세는 공격방법을 예측해도 빠르게 반응하기가 쉽지 않아 공격자를 놓치는 경우가 많다.

핵심 3	수비자의 시선은 어디에?

수비자는 공격자의 상체와 공을 보기보다는 전체적인 움직임을 파악할 수 있는 다리와 공을 든 팔 부분을 쳐다보는 것이 방어에 유리하다.

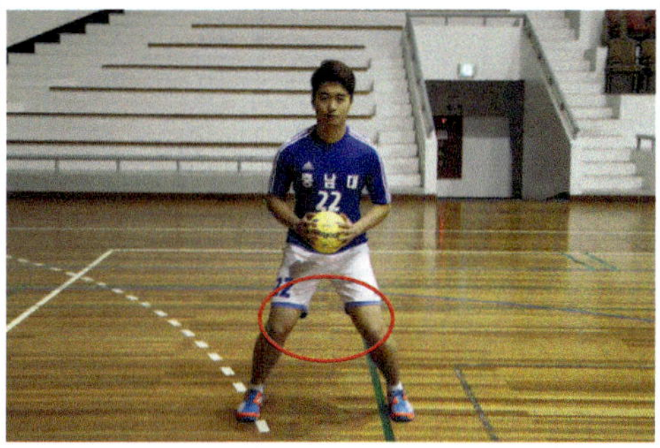

핵심 4	수비 잘하는 방법 더하기

공격자를 힘으로 방어하기 위해 따라 다니기보다는 사이드 스텝이나 크로스 스텝을 이용하여 거리 조절, 홀딩 등으로 슈팅하기 전 사전에 공격을 차단하는 것이 중요하다.

2. 풋워크

단계		2		

풋워크를 살려 상대 공격 방어하기

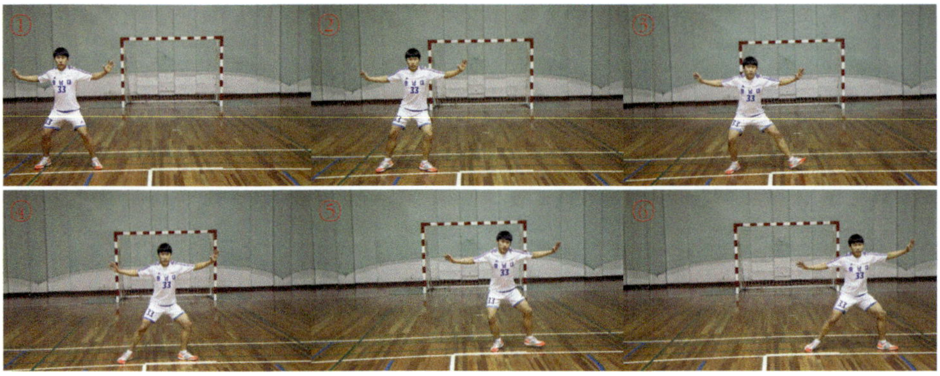

사이드 스텝

크로스 스텝

풋워크의 활용

본 영상을 참고하세요

핸드볼에서 수비의 기본적인 방법은 다리의 재빠른 움직임(스텝)을 통해 상대방의 공격을 사전에 차단하여 슈팅 또는 공격 기회를 주지 않는 것이다. **다리의 움직임(풋워크)은 사이드 스텝을 통한 좌우 공격의 진로 방어와, 전진 · 후진 스텝을 활용하여 공격자의 공격을 차단하거나 공격 타이밍을 빼앗는 방어법이 있다.** 또한 홀딩(상대방을 잡는 행위)을 통하여 공격의 기회 및 흐름을 차단하는 방법도 있으며, 이는 공격자에게 계속되는 프리스로우를 준다.

3. 1대1 방어

단계				4	

스텝을 활용하여 공격자의 움직임을 사전에 차단

공격자의 공격 방향을 살핀다.

공격 진행 방향으로 다리를 움직인다.

다리를 움직여 상체를 공격수의 공격 방향으로 움직여야 좋은 방어를 할 수 있다.

풋워크의 활용한 1:1 페인트 방어

본 영상을 참고하세요

핸드볼에서 공격의 가장 기본적인 방법인 1:1 돌파를 공격수가 시도할 경우 수비자는 스텝을 활용하여 진로를 방어하거나 공격을 차단해야 한다. 그리고 몸을 부딪쳐 수비하는 것은 허용되나 끌어안는 것은 반칙(홀딩)에 해당되므로 홀딩 시에는 공격자에게 프리스로우가 주어진다. 그러므로 좀 더 **효과적인 수비를 위해서는 스텝을 활용하여 상대방의 공격 유형을 파악 또는 예측 후 공격자가 슈팅을 할 수 있는 골 에어리어 지역으로의 접근을 막아내는 것이 중요**하며, 상황에 따라서는 가벼운 홀딩을 이용해 방어하는 전략이 필요하다. 계속되는 가벼운 홀딩 반칙을 이용하면 상대방으로 하여금 패시브(공격 시간 지연) 플레이를 유도하여 공격권을 넘겨받을 수 있다.

공격수의 공격 방향을 살피고 슈팅 방향으로 두 손을 들어 블록 만들기

앞으로 나가기　　　페인트 스텝을 잡기 전 두 팔로 상대를 홀딩

풋워크의 활용한 슈팅 방어

수비자는 공격자가 1:1 돌파를 하는지 중거리 슈팅을 하는지 스텝 슈팅을 하는지를 빠르게 예측 · 판단하여 상황에 적절한 수비방법을 결정하고 움직여야 한다.

스텝 슈팅 시에는 공격자가 점프하지 않고 기습적으로 슈팅을 함으로 수비자는 빠르게 전진 스텝을 이용하여 슈팅할 수 있는 거리를 좁히고, 몸을 부딪쳐 방어하는 것이 필요하다. 몸을 부딪쳐 방어하는 것이 늦었다면, 손을 들고 슈팅 각도로 두 팔을 이용하여 슛 블록을 하는 것이 유용하다.

점프 슈팅 시에는 공격자가 높은 타점에서 슈팅을 하기 위해 점프를 한 상태이므로 수비자는 공격자와의 신체적 접촉이 일어나면 반칙이 선언된다. 따라서 슛 블록은 첫 번째는 재빠르게 전진 스텝을 이용하여 점프하기 전 사전에 공격자를 끌어안아 다시 파울(홀딩)을 하는 것이다. 이때의 파울은 공격권은 지속되지만 수비 형태를 정리할 수 있는 수비 방법이다. 첫 번째 슛 블록 방어가 늦었다면, 신체적 접촉 없이 점프를 하여 두 손을 들고 슈팅을 방어를 해야 한다.

4. 2대2 방어

단계			3		

공격자를 바꿔서 방어하기

1. ㉮와 ㉯의 대화로 크로스 공격 인지 2. 공을 든 공격수 ⓑ를 ㉯가 ㉮에게 인계 3. ㉯는 크로스 공격을 하는 ⓐ를 확인 4. ㉯는 홀딩 등의 이용하여 공격 방어

1. ㉮는 ⓐ를 ㉯는 ⓑ를 수비 2. 2:2 플레이를 확인하고 수비할 방향을 이야기하기 3. ㉯는 ⓑ를 ㉮에게 인계하고 ⓐ를 방어 4. ㉮는 ⓑ를 패스 경로를 차단하며 방어

공격자 바꿔 막기

핸드볼에서 공격자의 바꿔 막는 스위치 수비는 수비 방법에서 매우 중요한 기술이다. 공격자간 크로스 플레이를 통해 공격 경로를 찾을 수도 있고, 상대의 수비 안에서 움직이는 '피봇'이라는 포지션의 선수가 외곽에 있는 선수와 스크린을 이용한 공격을 할 수도 있기 때문이다. 이때 스크린 등의 공격법을 방어하기 위해서는 스위치 수비가 필수이다. **수비자는 항상 공을 차단할 수 있는 위치에서 있으려고 노력**해야 하며, 위의 그림처럼 2:2 콤비네이션 상황에서 수비는 공격자를 바꿔 막으며, 공이 안쪽의 '피봇' 선수에서 투입되지 않게 자세를 잡아야 한다.

5. 1-5 수비전술

단계					5

빠른 발을 이용한 수비 전술

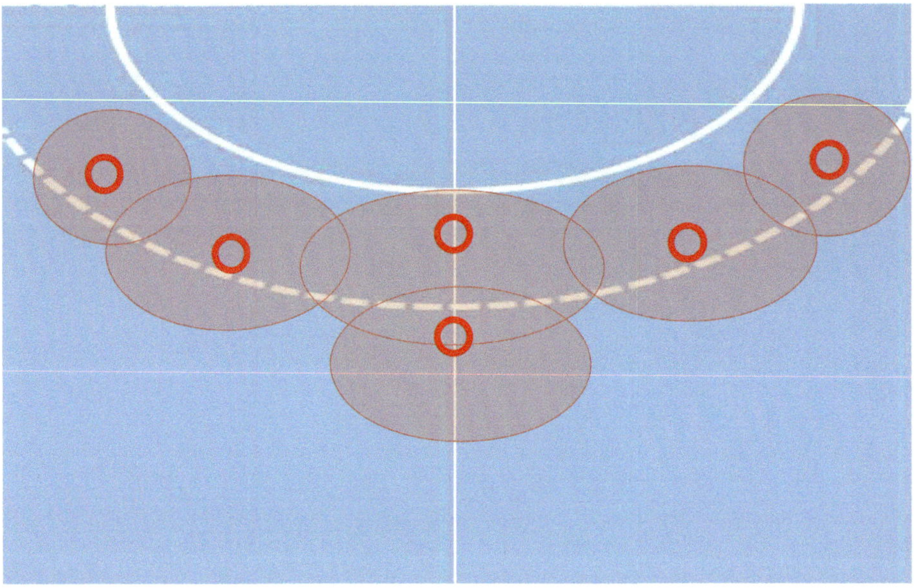

1-5 수비 전술의 핵심

1-5 수비 전술은 선수 개인의 1:1 수비 능력이 갖추어져 있어야 하며, **신장은 작으나 빠른 움직임으로 상대의 공격을 차단하는 것을 목표**로 하는 수비 전술이다. 수비자는 빠른 스텝을 바탕으로 공격자가 골에어리어 지역으로의 진입 방해를 첫 번째 방어 목표로 세워야 한다. 여기서 가장 중요한 수비 기술은 자신의 공격수를 놓치지 않는 1:1 수비 기술이다. 만약 수비자가 1:1 수비에서 공격자를 놓쳤다면 옆에 있는 수비자가 도움 수비를 해주어야 한다(도움 수비). 또 공격 팀의 크로스 공격을 방어하기 위한 스위치 수비법을 능숙하게 구사할 수 있어야 하며, 신장은 크지만 1:1 돌파 능력이 미흡한 팀을 대상으로 유용한 수비 전술이다.

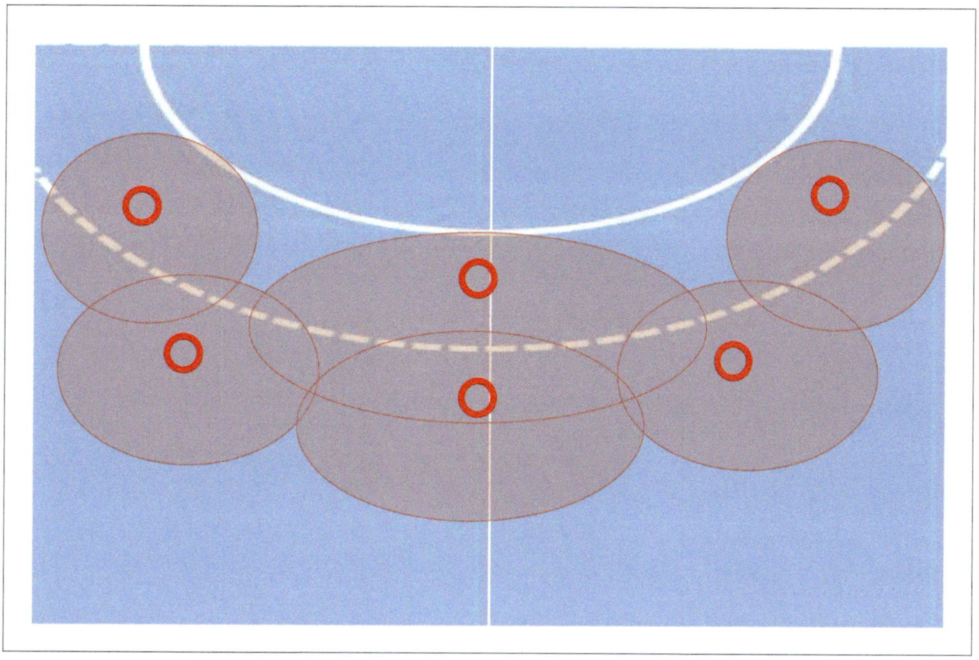

1-5 수비 전술의 변형을 통한 압박 수비

정상적인 1-5 수비가 아닌 수비자는 좀 더 앞쪽 지역을 방어하는 전진 1-5 수비전술이다. **이 전술에서 중요한 것은 수비자는 전진 · 후진 스텝을 활용하여 앞뒤로 많은 움직임을 빠르게 수행**할 수 있어야 한다. 수비자가 앞으로 많이 나와 있게 때문에 골 에어리어라는 위험지역에서 보다 먼 위치에서 수비를 할 수 있다는 장점이 있지만 반대로 수비자와 수비자 사이의 공간이 넓어 1:1 방어에 어려움이 있다. 그리고 '피봇'이 움직이는 공간이 넓어 패스를 사전에 차단하는 수비가 반드시 필요하며, 많은 체력 소모가 있다. 하지만 수비자의 1:1 방어와 전담 공격자를 시야에서 놓치지만 않고 수비 전술이 제대로 이루어진다면 보다 공격적인 방어를 펼칠 수 있는 전술이다. 또한, 방어에 성공하면 빠른 시간에 공격으로 전환할 수 있으며 속공에 보다 유용한 수비 전술이다.

6. 6-0 수비전술

단계					5

지역 방어를 통한 수비 전술

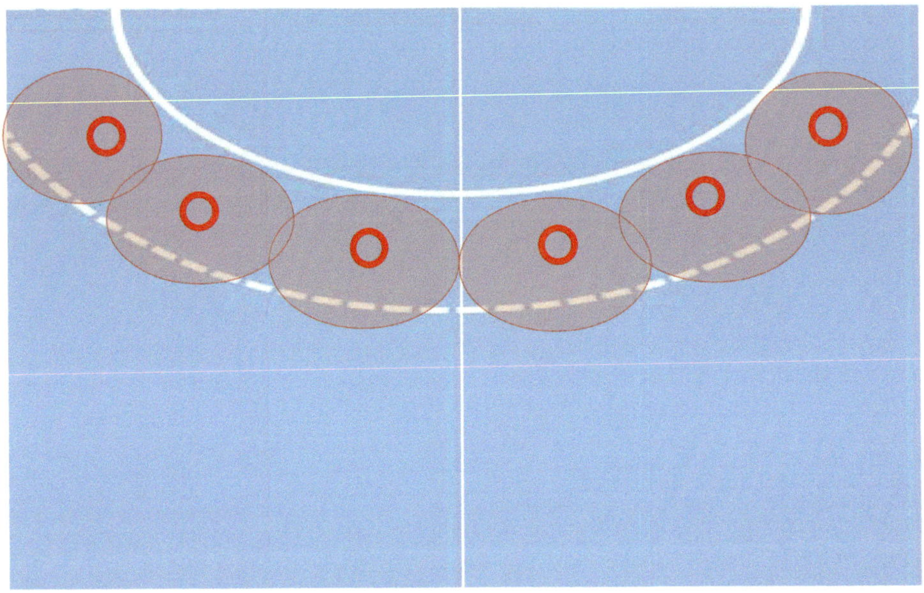

6-0 수비 전술의 핵심

6-0 수비 전술은 전형적인 지역방어로 수비자는 **전진과 후진을 최소화 하고 좌우의 움직임을 통해 상대방의 공격을 방어하는 방법**이다. 수비자와 수비자의 공간이 좁아 1:1 돌파를 당해도 바로 도움 수비를 할 수 있어 골 에어리어를 좀 더 견고하게 수비할 수 있고, 체력소모도 1-5 수비 전술에 비해 적다. 하지만 6-0 수비 전술을 펼치기 위해서는 상대방의 중거리 슈팅에 충분히 대비해야 한다. 기본적으로 수비자는 큰 신장이 유리하며, 공격자의 슈팅 시 전진 스텝을 이용한 슛 블록이 정확하게 이루어져야 한다.

핵심 1	이야기하기
수비자는 같은 팀원끼리 계속해서 이야기를 해야 한다. 예를 들면 야구의 콜 플레이인 '마이 볼' 을 외치는 것처럼 핸드볼에서는 수비자끼리 수비의 상황과 움직임에 대해 이야기해야 한다.(앞으로 나가!, 들어와!, 바꿔! 등)	

핵심 2	손을 들어 벽이 커보이도록
수비자는 손을 들어 빈 공간이 적게 보이도록 하는 것도 하나의 방법이라고 할 수 있다. 또한, 이러한 방법은 상대방의 기습적인 스텝 슈팅 등을 보다 쉽게 방어할 수 있다.	

핵심 3	수비에서 바로 속공으로 득점하기
핸드볼은 중앙지역의 수비수보다 양쪽 윙의 수비수는 보다 체력적인 부분이나 중요도가 낮을 수밖에 없다. 이에 양쪽 윙의 수비수 한 명 또는 두 명은 상대의 슈팅이 발생할 때 바로 공격 진영으로 뛰어 속공 찬스를 노리는 것도 하나의 공격방법이라고 할 수 있다.	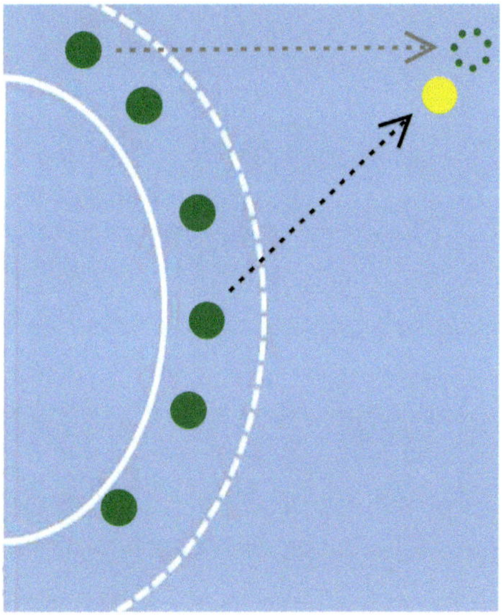

7. 슛 블록

단계				4	

양팔을 뻗어 슛하는 팔을 방어

좋은 슛 블록이란?

핸드볼 경기에서 슛 블록은 매우 중요한 기술이다. 아무리 방어를 잘해도 상대방에서 슈팅 찬스를 주기 마련이고 어차피 슈팅 찬스를 주었다면 다음의 차선책으로 좋은 슛 블록이 이루어져야 한다. **좋은 슛 블록은 위의 그림처럼 수비자가 손을 공격자가 슈팅하는 팔의 궤적을 예측**하여 그 방향을 들어 올려줘야 한다. 다시 이야기하면 슈팅한 공이 골대가지 가지 않게 벽을 쳐 슈팅한 공을 방어하는 것이다. 이러한 슛 블록은 팀의 사기를 높이는데 유용하며, 바로 속공으로 연결할 수 있다는 장점이 있다.

핵심 1 거리를 좁혀요

수비자는 슈팅하는 공격자와의 거리를 좁혀 공격자가 자유롭게 슈팅하는 것을 막아야 한다. 그리고 거리가 좁으면 슈팅할 수 있는 각도가 작아 슈팅 성공률을 낮출 수 있다.

핵심 2 '호핑'을 조심해라

기술이 뛰어난 공격수는 슈팅하려고 점프 후 수비자의 블록을 보고 공중에서 공을 바닥에 튀기고 다시 잡아 공격하는 '호핑'이라는 기술을 구사할 수 도 있다. 이에 수비자는 눈을 뜨고 공중에서 공격자의 움직임을 확인한 후 정말 슈팅을 하는지 '호핑'이나 '패스'를 하는 지를 확인하고 수비해야 한다.

호핑 페인트는 경기에서 선수들이 개인기로 많이 사용하는 기술이며, 앞에 수비수가 있는 상황이나 점프슛을 하는 상황에서 수비수가 블록을 하는 상황에서 매우 유용하게 활용될 수 있는 기술이다. 따라서 학습자는 연습을 통해 동작을 학습하는 것이 필요하다. 특히 중요한 것은 점프하여 공격할 때 수비수가 블록수비만을 하려고 하는지 혹은 공격자의 페인트 동작까지 살펴보고 있는지 수비수의 의도를 잘 파악해야 한다.

Chapter 08

공격

전술을 구사해서 상대 이기기

1. 1:1 공격
2. 공격 콤비네이션

1. 1:1 공격

단계					5

공격의 기본

다양한 1:1 공격 방법

1:1 공격은 핸드볼 경기에서 가장 기본적인 공격방법이라고 할 수 있다. 농구나 축구에서도 개인 기술을 바탕으로 팀 전술을 펼치면 더욱 좋은 경기력을 보이듯이 핸드볼에서도 1:1 공격 기술을 바탕으로 팀 전술을 펼치는 것이 중요하다. 공격의 최종 목적은 득점을 하는 것이며, 공격의 모든 바탕은 득점을 하기 위한 상황을 만들어가는 과정이라고 할 수 있다. 득점을 하기 위해서는 슈팅을 시도해야 하며, 슈팅을 하기 위해서는 수비수의 방해를 받지 않는 상황을 만들어야 한다. 그러한 상황을 만드는 법을 이장에서는 다루고자 한다.

핵심 1	1:1 페인트 공격
공격수의 가장 기본이 되는 공격법으로 공격의 출발이라고 할 수 있다. 1:1 돌파를 통해 찬스가 생기면 슈팅을 시도할 수 있고, 다른 팀원들의 찬스를 보고 패스를 연결할 수도 있기 때문이다.	
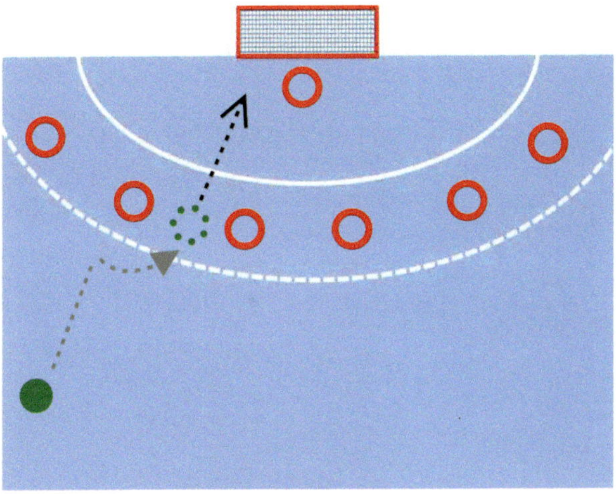	1. 센터백이나 윙에게 공을 패스 받아 달려 들어가며 페인트 스텝 2. 가고자 방향의 반대 발을 강하게 밀어 빠르게 이동 3. 다리의 움직임과 함께 어깨를 수비 사이로 집어넣어 슈팅 시도
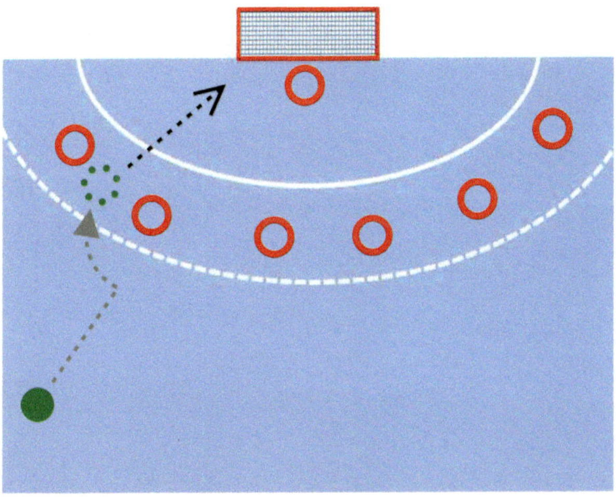	1. 1:1 페인트 스텝 후 아웃사이드 페인팅 2. 2중 점프를 이용하여 바로 슈팅하거나 도움 수비가 오면 윙에게 패스
● 공격자 ○ 수비자 ····▶ 이동 ····> 패스/슈팅	

위의 그림처럼 공격수는 1:1 페인트를 통하여 수비수를 제치고 슈팅을 시도할 수 있다. 이때 1:1 페인트는 인사이드 또는 아웃사이드로 돌파를 시도하여 수비수들 간의 빈 공간으로 슈팅을 시도한다.

핵심 2 **1:1 페인트 공격을 이용한 패스**

1:1 공격으로 수비수를 제쳤지만 옆 수비수가 도움 수비를 했을 때에는 직접 슈팅을 하는 것 보다는 팀원의 찬스를 보고 패스를 하는 것이 좋다.

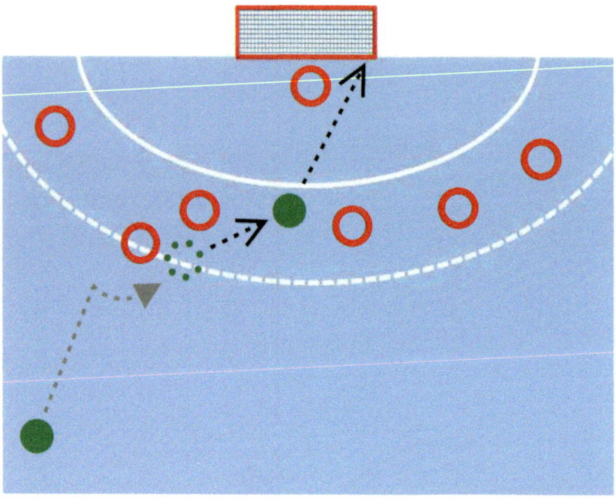

1. 백 플레이어는 1:1 페인트 스텝 후 인사이드로 슈팅 공격
2. 피봇의 수비수가 도움 수비를 오면 피봇에게 패스
3. 피봇은 자세를 낮추고 자신의 수비수가 움직여 생긴 공간에서 공을 패스 받아 슈팅

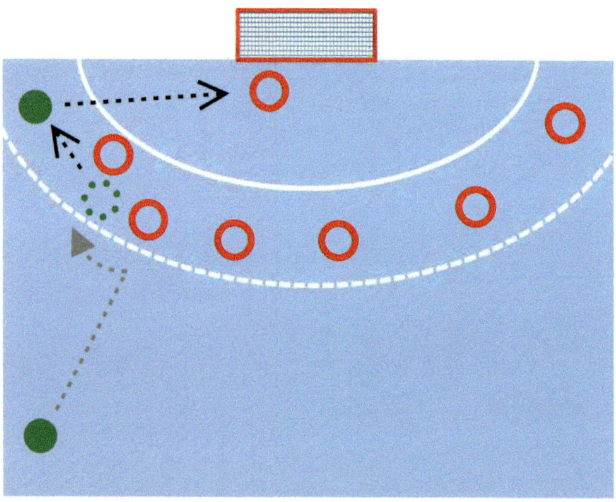

1. 백 플레이어는 1:1 페인트 스텝 후 아웃사이드로 공격
2. 자신의 수비수를 제치고 윙 수비수의 도움 수비가 오면 윙에게 패스(래터럴 패스)
3. 윙은 달려 들어가면서 공을 받아 슈팅

● 공격자 ○ 수비자 ····▶ 이동 ····> 패스/슈팅

위의 그림처럼 1:1 돌파를 하여 상대 수비수를 제쳤으나 옆 수비수의 도움수비가 왔을 때는 무리하게 슈팅을 시도하는 것보다 팀원에게 패스를 연결하는 것이 좋다.

2. 공격 콤비네이션

단계					5

부분 전술을 활용한 공격

공격 콤비네이션은 보통 백 플레이어와 피봇, 백 플레이어와 윙 플레이어 또는 백 플레이어들 간에 이루어지는 부분 공격 전술을 이야기하는 것이다. 간단하면서도 매우 효과적인 공격 전술로 사용할 수 있어 실제 핸드볼 경기 중 빈번하게 일어난다.

센터 백과 피봇의 2:2 공격 전술

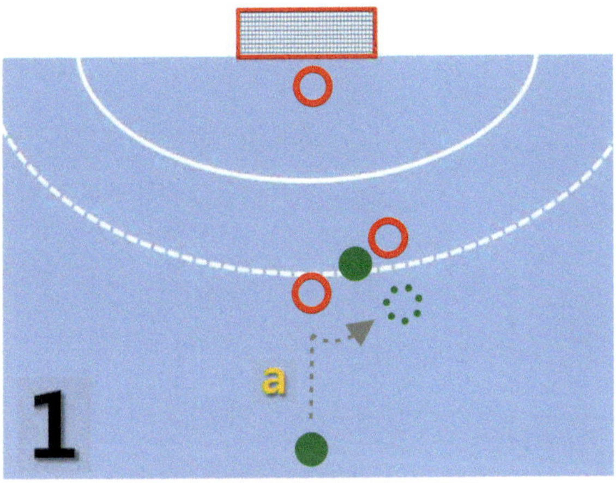

옆의 1번 그림의 a처럼 센터 백 플레이어가 1:1 페인트 공격을 시도하고 이때 피봇 플레이어는 센터 백 수비수에 스크린을 건다. 스크린은 미리 공간을 확보하여 다리를 움직이지 않고 수비수가 움직이려는 방향으로 무릎을 낮추고 버티고 서 있어야 한다. 그리고 센터 백은 스크린을 건 방향으로 이동한다.

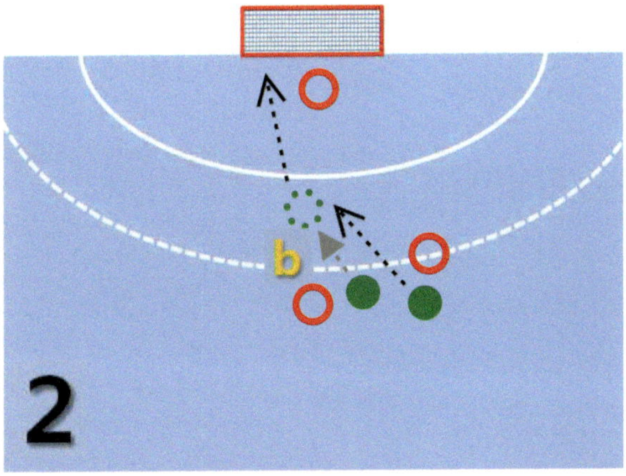

옆의 2번 그림처럼 센터 백 플레이어는 슈팅 모션이나 돌파 모션으로 피봇 수비수를 밖으로 끌어내고 이때, b의 그림처럼 피봇은 수비수가 앞으로 나와 생긴 빈 공간으로 이동하여 센터 백의 패스를 받아 슈팅을 시도한다. 센터 백은 바운드 패스를 이용하여 피봇에게 패스하는 기술이 필요하다.

센터 백과 백(레프트, 라이트)과의 2:2 공격 전술

핸드볼 경기에서 가장 많이 공격이 기여하는 포지션은 백 플레이어라고 할 수 있다. 이 포지션 선수의 기량에 따라서 경기의 승패가 좌우되기도 하며, 백 플레이어들의 부분 전술에는 사다리 공격법과 크로스 공격법이 있다.

사다리 공격법

자신의 수비수를 제치고 빈 공간으로 이동하여 자신의 찬스나 팀원들의 찬스를 차례차례 엿보는 공격법이다.

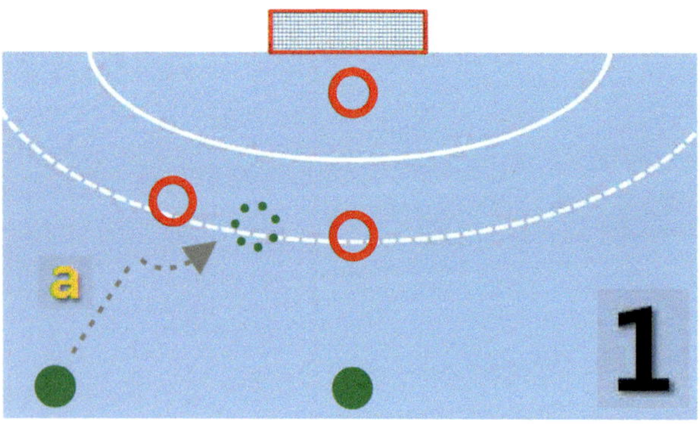	첫 번째, 센터 백과 레프트 백과의 부분 공격 전술은 사다리 공격법이 있다. 옆의 1번 그림의 a처럼 레프트 백 플레이어는 1:1 페인트 공격을 시도하여 자신의 수비수를 제치고 앞으로 돌파를 시도한다. 이때, 옆의 수비수인 센터 백 수비수가 도움 수비가 오지 않는다면 바로 슈팅으로 연결할 수 도 있다.
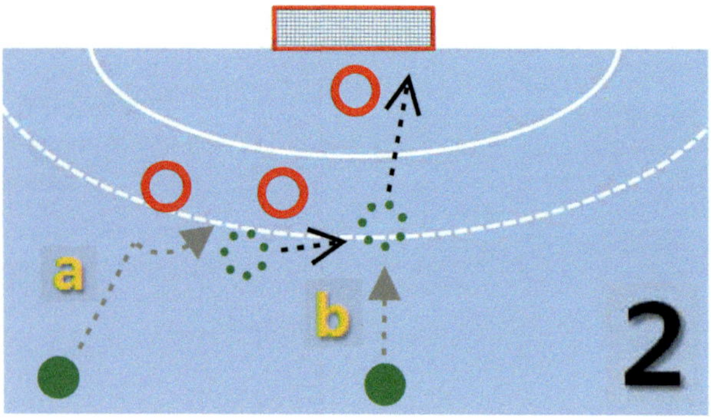	옆의 2번 그림의 a처럼 레프트 백 플레이어가 돌파를 한 후 옆 수비수인 센터 백 수비가 도움수비를 오면 빠르게 센터 백에게 패스하고 그림의 b처럼 센터 백은 앞으로 달려 들어가면서 패스를 받아 바로 슈팅을 시도할 수 있다. 이러한 사다리 공격법은 간단하고 많이 사용되면서도 가장 기본적인 공격법이라고 할 수 있다. 하지만 정확하게 1:1 돌파를 할 수 있는 페인트 능력과 빠르게 패스할 수 있는 능력이 수반되어야 한다.

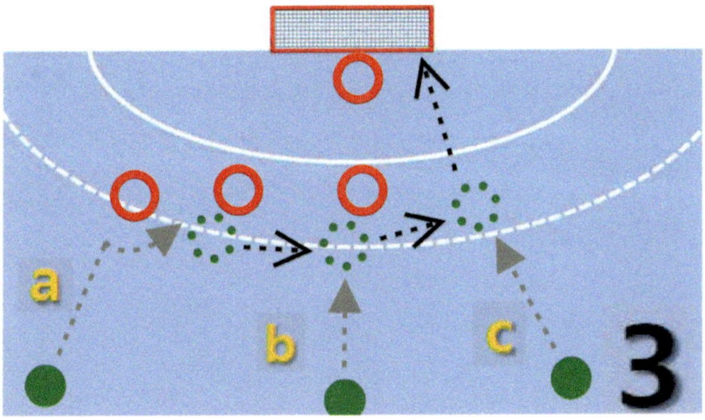 	연쇄적인 도움수비로 라이트 백의 수비가 센터 백에게 접근한다면 그림의 b처럼 센터 백은 슈팅을 시도하는 것보다 빠르게 라이트 백에게 패스하여 그림의 c처럼 슈팅을 시도할 수 있는 것이다. 좀 더 나아가면, 도움 수비의 연쇄 반응으로 라이트 윙의 수비수가 라이트 백에게 접근 한다면 라이트 백은 빠르게 래터럴 패스나 바운드 패스를 이용하여 윙 플레이어의 슈팅을 시도할 수 있다.
● 공격자 ○ 수비자 ····▶ 이동 ····> 패스/슈팅	

크로스 공격법

크로스 공격법은 사다리 공격법과 다르게 자신의 수비수를 끌고 이동하여 생긴 빈 공간으로 팀 플레이어를 크로스(뒤로 돌아 뛰기) 시켜 찬스를 노리는 공격법이다.

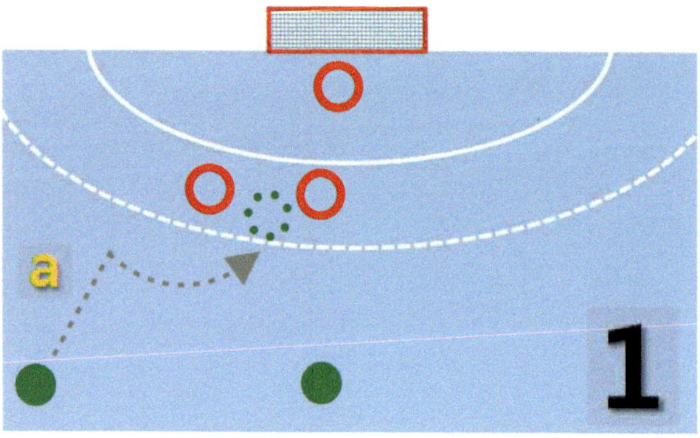	옆의 1번 그림의 a처럼 레프트 백은 1:1 페인트 공격으로 자신의 수비수를 이동시킨다. 이때 센터 백 플레이어는 레프트 백 뒤쪽으로 원을 그리며 이동한다.
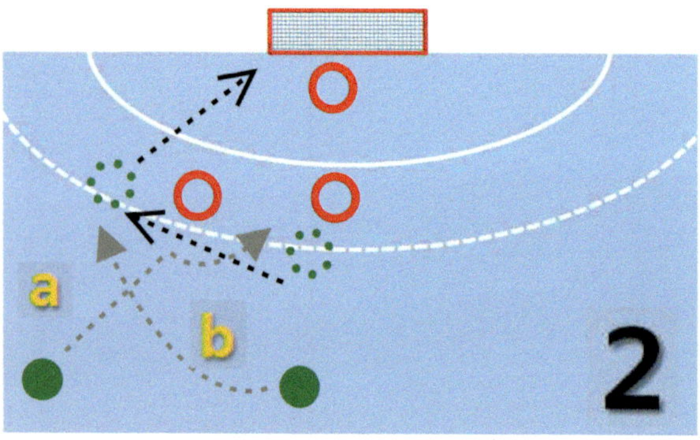	2번 그림의 b처럼 센터 백 플레이어는 레프트 백 플레이어가 1:1 페인트 돌파를 시도하는 순가 재빠르게 원을 크게 그리며 레프트 백 포지션으로 이동한다. 이때 레프트 백 플레이어는 1:1 페인트 돌파 모션에서 센터 백에게 패스를 한다. 보통 이러한 크로스 공격에는 자신의 허리 뒤에서 패스하는 비하인드 패스법이 사용되며, 연습과정에서 지속적으로 호흡을 맞추는 과정이 필요하다. 이러한 크로스 공격법은 순간적으로 빠르게 이루어져야 하며, 패스 또한 정확하게 해야 한다.
● 공격자 ○ 수비자 ····▶ 이동 ····> 패스/슈팅	

백(레프트, 라이트)과 윙 백의 2:2 공격 전술

핸드볼 경기에서 윙 백의 비중은 속공 상황이나 사다리 공격법, 또는 전술적인 부분에서는 매우 중요한 비중을 차지한다. 센터 백 등보다 슈팅 빈도가 높지는 않지만 항상 노마크 상황에서 슈팅하기 때문에 슈팅의 성패 여부는 경기에 큰 영향을 미친다.

사다리 공격에 의한 윙 슈팅

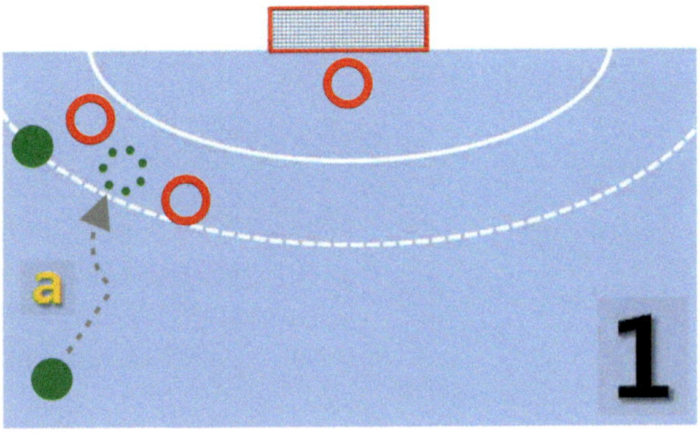	1번 그림의 a처럼 레프트 백 플레이어는 1:1 페인트 돌파 후 아웃사이드로 공격을 시도한다. 이때 옆의 윙 수비수가 자신에게 붙지 않으면 바로 슈팅을 시도해도 좋다.
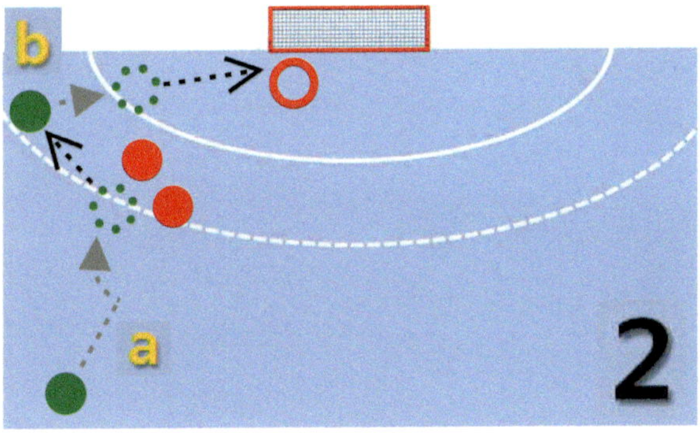	2번 그림의 a처럼 레프트 백 플레이어는 옆 수비수인 윙 수비가 자신에게 붙으면 패터럴 패스를 이용하여 윙에게 빠르고 정확하게 패스한다. 이때 b처럼 윙은 앞으로 달려가며 공을 받아 슈팅으로 연결한다. 윙 포지션에서의 슈팅은 각도는 작지만 골키퍼와 1대1 상황이므로 신중하고 정확하게 슈팅하는 것이 필요하다.

● 공격자 ○ 수비자 ····▶ 이동 ····> 패스/슈팅

패스 & 런 공격법

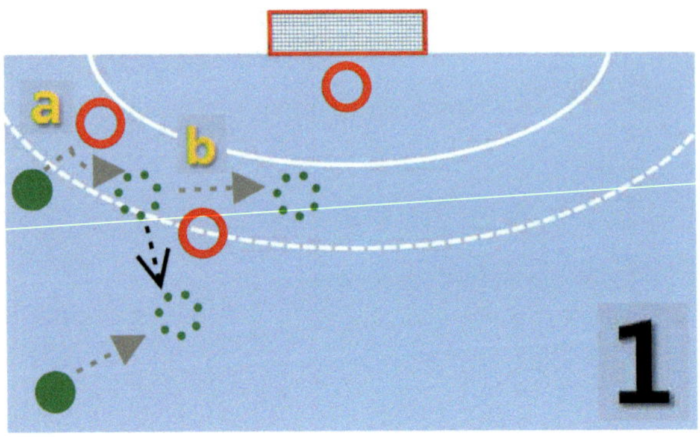

패스 & 런 공격법은 경기 중 많이 사용되며 단순하지만 매우 유용하게 사용할 수 있는 공격법이다. 옆의 1번 그림의 a처럼 레프트 윙은 자신의 수비수를 앞에 두고 1:1 페인트 돌파를 시도한다. 그리고 공을 레프트 백에게 패스하고 b와 같이 인사이드로 빠르게 이동한다. 이때 중요한 것은 윙 플레이어는 수비수가 등 뒤로 오도록 빠르게 움직여야 한다는 것이다. 그래야 레프트 백이 주는 패스를 안전하게 받아 슈팅으로 연결할 수 있기 때문이다.

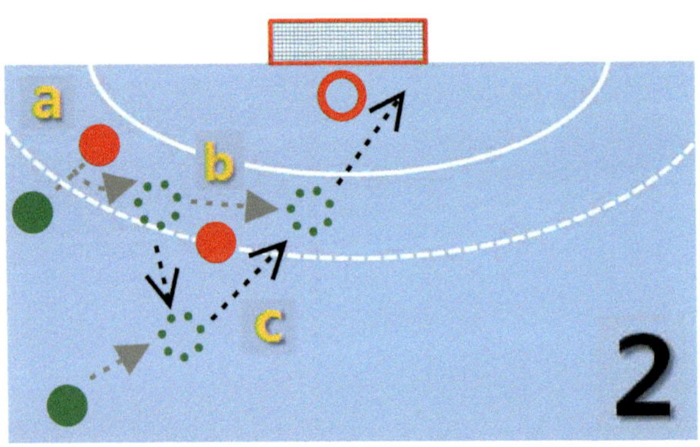

2번의 b그림처럼 윙 플레이어는 패스 후 인사이드로 빠르게 이동하고 이때 패스를 받은 레프트 백 플레이어는 1:1 페인트 돌파를 시도하면서 그림의 c처럼 빈 공간으로 이동하는 윙에게 패스를 연결하여 윙의 슈팅을 시도하는 공격법이다. 이때 패스는 상대의 머리 위를 넘기는 패스나 빈 공간을 이용한 바운드 패스가 적당하다. 이러한 패스 & 런 공격법은 정해진 포지션을 벗어나 움직이기 때문에 상대 수비로 하여금 혼란을 주어 빈 공간을 노리는 공격법이다.

● **공격자** ○ **수비자** ····▶ **이동** ····> **패스/슈팅**

Chapter 09

게임

핸드볼 즐기기

1. 간이 게임

1. 간이 게임

단계					5

게임의 기본이 되는 경기 기능

슈팅	
공격의 최종 목적으로 득점을 하기 위한 경기 기능이다.	
패스	
좀 더 유리한 위치에서 공격을 하기 위해 팀원에서 공을 건네는 경기 기능이다.	
페인트	
상대 수비수를 속여 좀 더 유리한 상황에서 공격을 하기 위한 경기 기능이다.	
수비	
상대의 공격을 차단하기 위한 경기 기능으로 슈팅의 방어 또는 상대의 공격의 모든 기능의 방어를 목적으로 한다.	

핸드볼 경기를 하기 위해서는 위와 같은 4개의 기술을 지속적으로 연습해야하며, 이러한 4개의 기술을 연습했다면 진짜 핸드볼을 할 수 있는 게임을 할 수 있다는 것이다.

간이 게임

간이 게임은 정식 게임을 위한 연습 방법으로 7:7 게임이 아닌 적은 인원으로 부분 전술과 개인 기능을 연습할 수 있는 게임 방법이다. 또 적은 인원으로 핸드볼 경기 기능을 효율적으로 연습할 수 있는 연습법이다.

2:2 게임

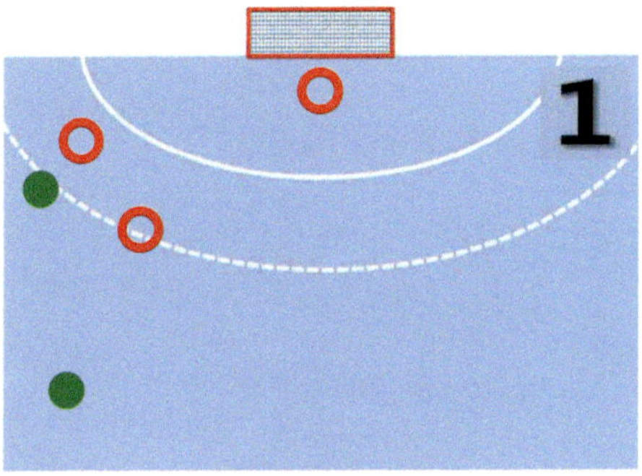

윙과 백 플레이어의 2:2

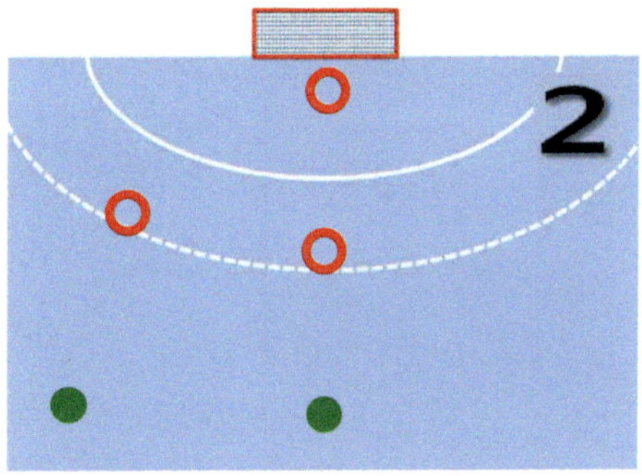

게임 레프트 백과 센터 백의 2:2 게임

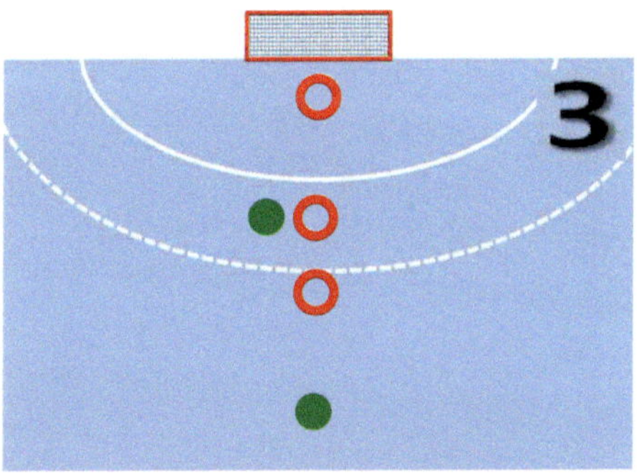

센터 백과 피봇의 2:2 게임

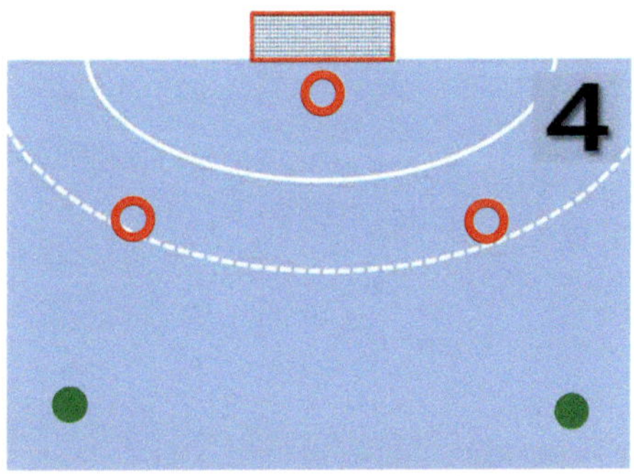

레프트 백과 라이트 백의 2:2 게임

2:2 간이게임은 위의 그림처럼 백과 윙, 레프트 백과 센터 백, 백과 피봇, 레프트 백과 라이트 백 이렇게 짝을 지어 게임할 수 있다. 당연히 코트는 넓고 수비수의 숫자는 적기 때문에 공격할 수 있는 공간이 넓어 공격자에게 유리하다. 이렇게 2:2 간이 게임은 코트를 넓게 사용하면서 페인트 돌파나 슈팅을 연습할 수 있는 게임방법이다.

3:3 게임

<table>
<tr><td>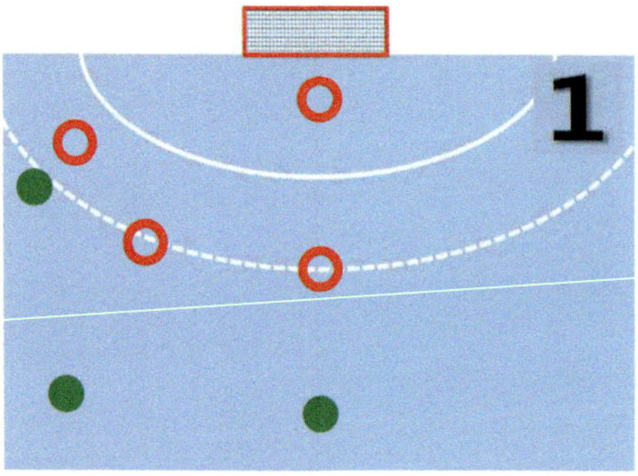
</td><td>레프트 윙, 레프트 백, 센터 백의 3:3 게임으로 패스 & 런 등의 공격법을 연습하기 좋다.</td></tr>
<tr><td>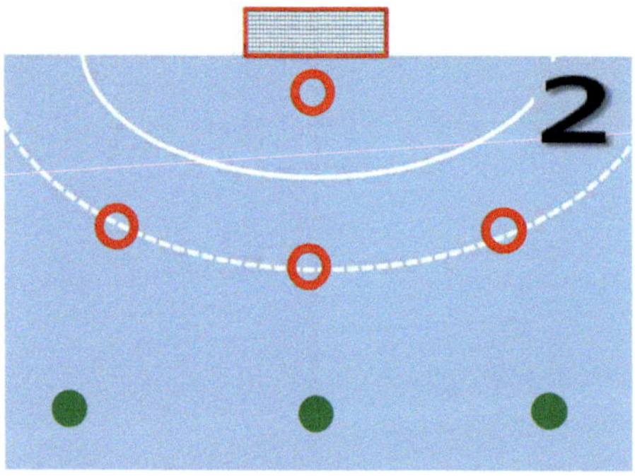
</td><td>레프트 백, 센터 백, 라이트 백의 3:3 게임으로 1:1 돌파 능력, 중거리 슈팅 기술을 연습하기 좋은 방법이며, 사다리 공격법을 연습하기에도 좋다.</td></tr>
<tr><td>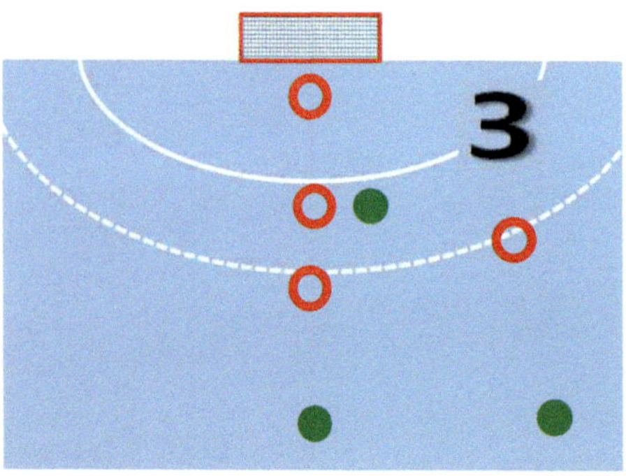
</td><td>피봇, 센터 백, 라이트 백의 3:3 게임으로 피봇을 이용한 빈 공간으로의 인사이드 패스 연습에 유용한 방법이다.</td></tr>
</table>

3:3 게임은 부분 공격 연습을 할 수 있는 게임방법으로 위의 그림 1처럼 레프트 윙, 레프트 백, 센터 백의 방법과 그림 2처럼 3명의 백 포지션에서의 방법, 그리고 그림 3의 2명의 백 플레이어와 1명의 피봇 포지션으로 연습하는 방법이 있다. 3:3 게임은 개인 기술과 부분 전술을 연습할 수 있는 가장 기본 적인 게임 방법으로 적은 인원으로도 실제 게임을 하는 효과를 얻을 수 있는 연습 방법이다.

4:4 게임

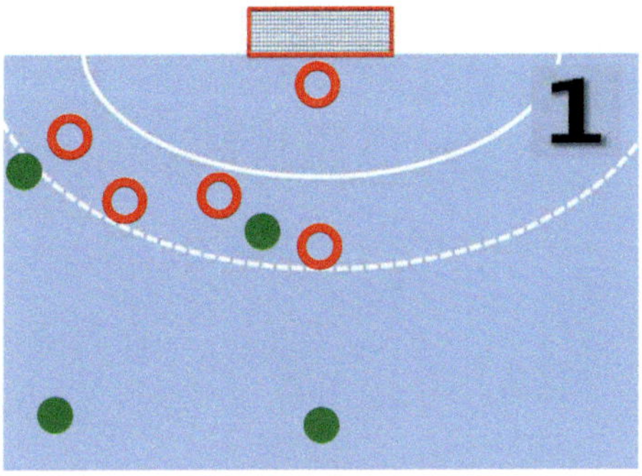	레프트 윙, 레프트 백, 센터 백, 피봇의 4:4 게임으로 실제 게임과 유사하게 사다리 공격법, 피봇 플레이를 활용한 공격법을 연습하기에 좋다.
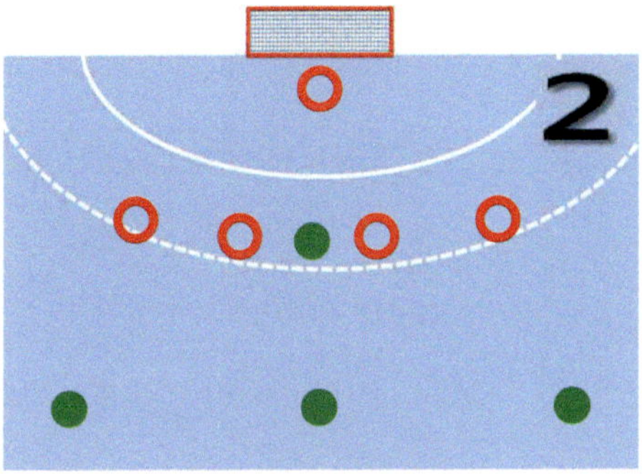	피봇과 3명의 백 플레이어들의 4:4 게임으로 백 플레이어의 1:1 돌파 기술이나 사다리 공격법을 연습하기에 좋다.
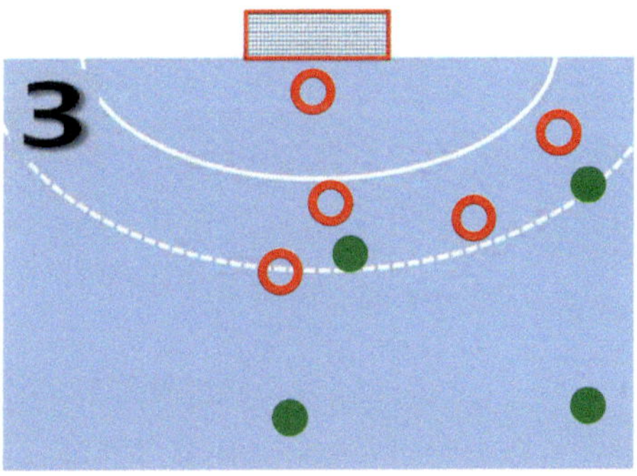	라이트 윙, 라이트 백, 센터 백, 피봇의 4:4 게임

4:4 간이 게임은 주로 피봇을 포함시켜 공격을 연습하는 방법이다. 실제 게임과 유사성이 가장 높은 간이 게임으로 이것 또한 개인의 공격기술 즉, 페인트를 이용한 슈팅이나 돌파를 하고 빈 공간을 향해 움직일 수 있어야 하는 실제 핸드볼 경기의 축소판이라고 할 수 있다. 좀 더 유용한 공격을 위해서는 자신의 포지션에만 공격하기 보다는 패스 & 런 공격법과 크로스 공격법을 이용하면 많은 득점 기회를 만들 수 있다.

정식 게임

핸드볼 경기의 정식 게임은 6명의 필드 플레이어와 1명의 골키퍼로 구성된다. 6명의 필드 플레이어는 상황에 따라 공격과 수비를 하며, 골키퍼는 상대의 공격을 최후방에서 방어하는 역할을 한다. 하지만 마지막 최후의 수단으로 골키퍼까지 공격에 참여하여 득점을 하는 특이한 경우도 있다. 예를 들면 경기 종료 시간을 얼마 남기지 않고 경기에 지고 있을 때 공격의 숫자를 늘려 좀 더 유리한 위치에서 공격을 할 수 있도록 골키퍼까지 필드 플레이어의 역할을 하기도 한다.

경기 시간은 정식 성인 팀의 경우는 전후반 60분을 경기하지만, 학교 현장이나 생활체육에서는 선수들의 연령이나 기술수준에 맞게 전반전과 후반전의 시간을 각각 15분에서 20정도로 축소해서 진행하는 것도 좋은 방법이라고 할 수 있다.

또한, 핸드볼 경기는 몸싸움이 구기 종목 중 가장 거친 경기라고 할 수 있어 부상의 위험성도 높다고 할 수 있다. 따라서 정식 핸드볼 경기 규칙보다 좀 더 엄격하고 유연하게 심판을 보는 것도 중요한 연습방법이라고 할 수 있다. 예를 들면, 공을 잡은 공격수를 수비수가 신체적 접촉이 일어나면 바로 파울을 주어 프리 드로우를 선언하는 방법 등이 있다. 사전에 경기를 엄격하게 진행함으로써 좀 더 공격적인 경기를 통해 핸드볼 게임에 대한 흥미 부여와 부상을 예방할 수 있는 것이다.